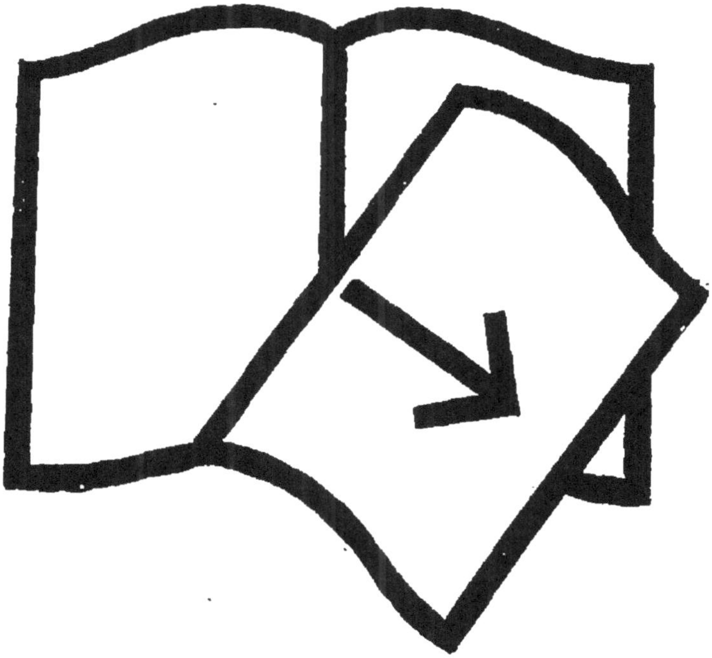

Couvertures supérieure et inférieure
manquantes

LA
CROISADE NOIRE

Il a été tiré de cet ouvrage,
dix exemplaires sur papier de hollande
et *cinq* exemplaires sur papier du japon.

MARQUIS DE BONARDI DU MÉNIL

LA

CROISADE NOIRE

SA LIGNE D'OPÉRATIONS
SON ORGANISATION STRATÉGIQUE
SES CONDITIONS ÉCONOMIQUES

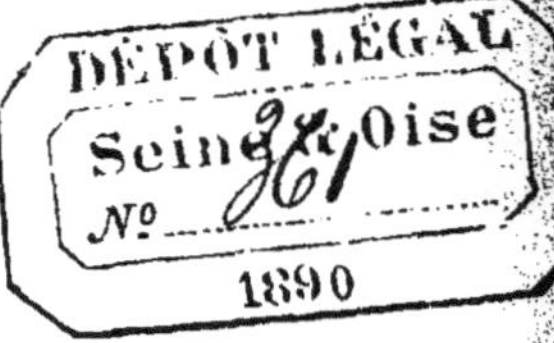

PARIS

E. DENTU, ÉDITEUR

LIBRAIRE DE LA SOCIÉTÉ DES GENS DE LETTRES

3, PLACE VALOIS, PALAIS-ROYAL

1889

AU TRES SAINT PÈRE

ET

A S. E. LE CARDINAL LAVIGERIE

L'AUTEUR

Soumet humblement les idées et les projets

exposés

dans ce travail.

AVANT-PROPOS

Un million de noirs massacrés annuellement ou mourants sur les routes de l'esclavage d'épuisement et d'inanition, leurs villages détruits par le pillage et par l'incendie, la guerre fomentée entre des tribus naguères encore heureuses et pacifiques, la discorde perfidement entretenue de tous côtés afin de préparer pour l'avenir de faciles hécatombes,... voilà le bilan de la Traite !

Et cela, pour fournir au monde musulman les cent mille esclaves qu'il absorbe chaque année.

D'aucuns doublent ces chiffres. Nous nous en tenons aux plus modérés, estimant qu'ils suffisent.

L'Europe veut-elle mettre un terme à ce débordement d'iniquités, tout est là. Si elle le veut elle le peut dans un court avenir. Il n'est besoin pour cela que de fournir à la *Croisade noire* les ressources nécessaires, et de ne point entraver son action par des fins de non recevoir diplomatiques.

Mais les puissances sont jalouses de leurs possessions africaines.

Permettront-elles à des milices anti-esclavagistes de pénétrer au cœur du continent, là où il faut aller pour arrêter le sang qui ruisselle, et couper le mal à sa racine ?

D'autre part, les ressources de la charité privée ne peuvent suffire à une œuvre si vaste. — Donneront-elles l'obole qui rachèterait des peuples ?... Leurs peuples !

Absence de moyens pécuniaires, convoitises et susceptibilités des puissances ; ce sont là les vraies obstacles. Auprès de ceux-là les autres comptent à peine.

Toutefois, il faut le reconnaître, on ne saurait demander aux puissances ni les crédits ni les libertés nécessaires, avant d'avoir adopté une méthode d'action précise et définie. Solliciter leur concours pour abolir l'esclavage, c'est vraiment par trop vague. Il faut dire COMMENT, EN QUEL TEMPS, A QUEL PRIX on peut y parvenir.

Alors seulement elles pourront mesurer les sacrifices en argent et,.. en vanité.

Les hésitations diplomatiques sont légitimes en face de l'incertitude. Elles cesseront de l'être le jour où l'on aura donné à l'Europe le sentiment qu'il est en son pouvoir de faire cesser la Traite sans se heurter à des difficultés majeures, et sans engager des dépenses ruineuses. Ce jour-là elle se rappellera peut-être que Ponce Pilate a été cloué au pilori du symbole, non pour avoir condamné le Christ qu'il eût voulu sauver, mais parce que, pouvant tout empêcher, il a tout laissé faire.

Aussi la première chose est-elle d'amener la clarté dans les idées. C'est ce que nous allons essayer, dans un travail que nous nous efforcerons de rendre assez court pour être lu sans fatigue, assez substantiel cependant pour ne laisser de côté aucune des questions principales soulevées par un problème aussi vaste.

Puissent ces quelques pages contribuer pour leur faible part au succès de la CROISADE NOIRE.

LA CROISADE NOIRE

SA LIGNE D'OPÉRATIONS
SON ORGANISATION STRATÉGIQUE
SES CONDITIONS ÉCONOMIQUES

LA TRAITE

Il y a une quarantaine d'années, paraissait, en Amérique, un petit livre intitulé : *la Case de l'oncle Tom*. En l'écrivant, l'auteur ne s'était pas douté de la portée de son œuvre. A cette fiction vivante et passionnée, le monde entier s'émut. Le colosse américain commença d'être agité de ces soubresauts répétés qui sont le prélude des grandes crises, puis enfin, l'édifice social oscillant sur lui-même se rompit du sommet à la base et se scinda en deux tronçons. Un roman, écrit par une femme, avait suffi pour donner naissance à ce mouvement. Il aboutissait à la guerre de Sécession. L'auteur avait résumé les idées d'une époque, et quand il avait jeté un cri de détresse et de pitié, il s'était trouvé que tous les cœurs étaient accordés pour vibrer à l'unisson du sien.

Un pareil phénomène ne se renouvellera pas au sujet de l'esclavage africain. Certes, les souffrances des esclaves américains n'égalaient pas les horreurs de la traite, mais leurs maux étaient plus rapprochés, plus palpables. Chacun pouvait voir et contrôler par ses yeux la vérité saisissante des récits de Mrs Beecher-Stowe. C'étaient, enfin, des nations chrétiennes qui possédaient ces esclaves et faisaient commerce de chair humaine.

Aujourd'hui, le fléau nous apparaît avec un caractère plus abstrait, excluant le même genre d'émotion. Ce n'est plus l'oncle Tom, que nous avons fini par connaître, par aimer. Ce sont des milliers et des milliers de noirs qui échappent à nos regards, par conséquent à notre pitié. C'est l'anonymat substitué à la personnalité. C'est un chiffre !

La lutte aussi n'est pas la même. Les responsabilités sont différentes, et n'était l'idée chrétienne, la vieille Europe pourrait se désintéresser de la question et laisser l'islamisme accomplir, en paix, son œuvre de destruction. Mais notre époque est meilleure qu'on ne le pense, et parmi nous les moins zélés, les plus hostiles même, sont noyés dans une atmosphère tout imprégnée de christianisme. Malgré qu'ils en aient, cette atmosphère ambiante les a pénétrés jusqu'aux moelles, et leur volonté même ne suffit pas toujours à les en débarrasser complètement. Aussi partout l'appel a trouvé un écho. On veut faire quelque chose, on veut agir.

Cependant, avant de commencer la lutte, il faut en envisager les conséquences. Une tentative avortée serait fatale : l'exemple de Gordon est là pour le montrer. Il faut donc ne rien livrer au hasard, et, dans ce but, il faut, avant tout, définir la méthode à suivre.

Un des dictons favoris de Napoléon, c'était : « Qu'en toute chose il faut d'abord trouver la méthode, qu'il n'y a rien de si difficile dont on ne puisse venir à bout si l'on trouve d'abord le véritable mode de procéder, que, cela trouvé, le reste n'est plus rien ; mais que d'un autre côté, une chose fût-elle la plus simple du monde, il ne faut pas l'entamer si on n'a pas attrapé la méthode pour la faire, parce qu'alors on gâtera tout et on n'arrivera à aucune fin. »

Nous allons essayer de montrer comment la question se pose dans son ensemble, et de déduire de cet exposé une méthode d'action simple et rationnelle. Ce n'est donc point un récit émouvant, à la façon de Mrs Beecher-Stowe, que le lecteur doit s'attendre à trouver ici. En dehors même du talent qui nous manque, notre système est séparé de son œuvre par toute la distance qu'il y a entre le récit d'un drame saisissant et la solution d'un problème algébrique. Il s'agit de dégager les éléments généraux de ce problème, de le mettre en équation, pour ainsi dire, et d'indiquer la marche à suivre pour le résoudre. C'est ce que nous tenterons de faire dans les pages qui suivent.

L'esclavage existe dans toute l'Afrique, mais il ne se présente pas partout sous le même aspect. Dans les pays musulmans où nous pouvons encore l'apercevoir, il revêt une apparence de douceur trompeuse. L'esclave fait partie de la famille. Le Coran recommande de le traiter convenablement, et de fait, une fois arrivé dans la maison où il doit vivre et servir, il n'est réellement pas trop malheureux. Lui rendre la liberté serait alors lui faire un présent peu apprécié. La plupart n'en profiteraient pas. Mais pour amener cet homme, cette femme, cet enfant, dans la maison où son sort paraît doux, il a fallu porter la guerre et la dévastation dans les pays où il vivait paisiblement. Chacune des créatures humaines ainsi transplantées loin de leur pays d'origine, représente une moyenne de dix, vingt, quelquefois trente existences sacrifiées pour obtenir la capture de l'une d'elles.

Aussi, tout le monde est d'accord aujourd'hui pour établir dans l'esclavage une distinction fondamentale et le diviser en deux classes très distinctes :

1° l'esclavagisme local ;

2° l'esclavagisme commercial, c'est-à-dire celui où l'esclave est considéré comme une marchandise d'exportation, en un mot, la traite.

L'esclavagisme local est de beaucoup le plus répandu. Il s'étend sur toute la surface du continent africain. [Tout roitelet nègre a ses esclaves. Le fléau sous cette forme est presque insaisissable, et d'ailleurs il est tellement entré dans les mœurs des noirs qu'ils n'en comprennent pas l'immoralité.

M. de Brazza me racontait il y a quelques années le fait suivant.

Dans son exploration du haut Ogooué et de l'Alima, il avait avec lui deux jeunes nègres, l'un de quatorze ans, l'autre de seize ou dix-sept. Parvenu dans le pays des Apfourous, il vit qu'il allait avoir affaire avec des tribus guerrières et redoutables. Résolu à pénétrer le plus avant possible, il ne voulut pas prendre la responsabilité d'emmener avec lui ces enfants incapables d'apporter à une expédition dorénavant dangereuse un concours efficace. Il se décida donc à les renvoyer. Pour leur faciliter le retour il leur construisit un radeau solide et les pourvut abondamment de vivres et de provisions ; puis il les embarqua et les mit en route. A peine étaient-ils hors de vue que le plus fort se jetait sur le plus faible, le terrassait, et, l'enchaînant aussitôt, le menait pour le vendre au village le plus proche. Brazza averti à temps dut se rendre au marché d'esclaves pour le délivrer.

Voilà les mœurs de l'Afrique! La force prime le droit! — C'est là que fleurit dans son complet épanouissement l'axiome cher à M. de Bismarck.

Ce n'est pas, on le voit, pour plaider la cause de l'esclavagisme local que nous le rangeons dans une classe distincte et que nous tenons à éviter de le confondre avec la traite ; mais que peut-on contre des faits de cette nature? Pour les faire disparaître, il faut l'action lente mais sûre de la civilisation, celle surtout, plus efficace et plus rapide des missionnaires.

Il n'en est pas de même de la traite. Là on rencontre, non plus la multiplication de faits isolés et divers, mais tout un système avec son organisation financière, militaire et commerciale. A la base l'usure, au milieu le meurtre et la rapine, au bout l'esclavage, précédé de tout son cortège d'atrocités innommables.

Comme tout autre commerce, la traite a ses centres de production, ses routes et ses marchés. C'est par là qu'elle est vulnérable.

L'organisation financière est primitive.

Un prêteur hindou ou parsi de Zanzibar avance à un Arabe les armes, les munitions, les étoffes, les verroteries nécessaires à une expédition, sans autre garantie que sa réputation d'audace et d'intelligence. Celui-ci se met en campagne. Au retour, il devra rembourser à son bailleur de fonds dix ou quinze fois sa mise. Il est clair que le vol, la rapine et l'enlèvement de populations entières, peuvent seuls lui permettre de satisfaire à ces monstrueuses exigences. Il s'en accommode cependant, et quand il revient avec son butin, il lui reste, son créancier payé, de quoi recommencer pour son compte. Il ne s'en fait pas faute, et quand il a ainsi amassé un certain pécule, il s'enfonce dans l'intérieur et va fonder ces villes arabes, Taborà, Msené, Oujiji, repaires et forteresses d'où s'élancent vers le centre ces brigands qui ravagent aujourd'hui toutes les régions du haut Congo.

Seulement, une fois établi, l'Arabe change d'allures ; il devient cultivateur et propriétaire, et nul ne reconnaîtrait dans ce riche seigneur aux manières graves et dignes, le négrier qui, peu d'années auparavant, désolait les régions où il s'est établi. Bien des explorateurs s'y sont trompés. Livingstone a eu à ce sujet des surprises étranges en reconnaissant parmi les gens qui mettaient Nyangoué à feu et à sang, des hôtes qui lui avaient offert la plus large hospitalité.

Aujourd'hui les Arabes de Tabora et d'Oujiji n'opèrent plus par eux-mêmes. Ce sont leurs esclaves qui dirigent les expéditions : témoin ce Makutubu, le plus terrible des négriers des bords du Tanganika. Dix ans avant l'époque où M. Giraud le rencontre en 1887, cet humme traversait, la fourche au cou, les régions qu'il ravage maintenant pour le compte de son maître.

L'organisation militaire de la traite n'est guère plus compliquée.

Un traitant arrive avec des armes et des marchandises ; il s'installe chez un roitelet nègre, et au moyen de quelques ballots d'étoffe, il s'en fait un ami. Ce roi a toujours quelque querelle pendante avec un voisin. Pour la vider, il fait appel au traitant, pourvu de fusils et de munitions qui le rendent redoutable. On se rue sur le voisin, et après avoir tué les vieillards et les inutiles, détruit les récoltes et volé les bestiaux, on emmène, la fourche au cou, tout le troupeau humain susceptible d'être vendu.

On entre ainsi dans la période commerciale, infiniment plus complexe que les deux autres.

Alors se mettent en route ces lamentables caravanes, dont les explorateurs et les missionnaires ont tant de fois déjà raconté les misères. Elles s'acheminent lentement vers la côte où elles doivent être embarquées. C'est pendant cet exode, et là seulement, qu'il est possible de prendre sur le fait et d'arrêter le commerce des esclaves. Le noir est encore près de son pays. On ne peut lui enlever ses chaînes, sous peine de le voir immédiatement s'enfuir et disparaître. La traite se manifeste donc extérieurement d'une manière d'autant plus apparente qu'elle est plus près de sa source. Plus tard, l'esclave passera souvent inaperçu. A un moment donné, il changera de mains et considérera comme un libérateur celui qui, en l'achetant, aura fait cesser ses supplices. Incapable de discerner que cet acheteur est la cause première de toutes les atrocités dont il est victime, souvent il s'attachera à lui. En tous cas, il perdra l'idée de s'enfuir. A partir de ce moment, il vivra dans un état de liberté apparente, et rien ne viendra révéler à l'étranger sa condition véritable. Son maître pourra alors le transporter dans le monde entier et se soustraire à tout contrôle. Au besoin il lui fera délivrer les certificats d'affranchissement exigés, et l'esclave passera devant nous, pourra même être transporté sur nos propres navires, sans qu'il soit possible de constater sa qualité et de prendre sur le fait ce commerce devenu insaisissable.

De là, la nécessité d'attaquer le mal à sa racine, au cœur

même du continent, là où le noir est encore trop rapproché de son pays pour qu'on puisse lui laisser l'apparence de la liberté.

Ces considérations montrent l'insuffisance de la croisière. Une dernière remarque fera saisir le danger qu'il y aurait à en faire la base de la répression de la traite.

Dans l'état actuel de l'Europe, qui peut répondre de la paix du lendemain? Advienne une guerre, les croiseurs seront rappelés. Le fléau dont on aura quelque temps suspendu les ravages reprendra avec fureur. Son intensité sera alors d'autant plus épouvantable que les traitants auront à répondre à des demandes plus pressantes, et que la marchandise humaine aura haussé de prix sur leurs hideux marchés.

ROUTE DES NÉGRIERS

Les routes suivies par les caravanes ne sont pas choisies arbitrairement. Elles leur sont imposées par des nécessités topographiques et ne peuvent être modifiées. Il importe donc de les déterminer exactement et d'examiner les moyens dont on peut disposer pour les interdire.

Le domaine de la traite peut se diviser en quatre régions distinctes, à chacune desquelles correspond une route particulière.

La première est entourée par le Niger, qui décrit une courbe immense, de ses sources aux rapides de Boussa. Elle alimente le marché de Tombouctou et, par là, le Maroc. Des évaluations assez vagues portent à vingt-cinq mille le nombre d'esclaves vendus annuellement sur cette place, et à douze ou quinze mille le nombre de ceux amenés jusqu'au Maroc.

Les caravanes suivent la route décrite par René Caillé, en 1828; elles se dirigent directement sur le nord jusqu'à l'oasis de Tafilet, où elles bifurquent vers les différentes provinces de l'empire marocain.

Dans cette région, la traite est directement atteinte par la pénétration française.

Nos canonnières ont fait leur apparition à Tombouctou. Les populations menacées ne tarderont pas à se ranger sous notre pavillon, et la traite disparaîtra d'elle-même de ces parages d'ici à un temps peu éloigné, par le fait même de notre expansion naturelle.

Le bas Niger appartient aux Anglais, qui en ont pris possession par une audacieuse dérogation au traité de Berlin. Ils ont donc assumé la responsabilité de la répression dans cette contrée. Enfin, la nation des Egbas, menacée par le Dahomey, vient de solliciter le protectorat de la France, par un traité passé, au mois de mai 1888, avec M. E. Viard, explorateur de l'Afrique centrale envoyé dans ce but à Abéo-kuta, leur capitale. L'action dans ce sens laisse donc peu à désirer.

La deuxième région comprend le Bornou, le Wadaï et le Bagirmi. Elle envoie ses caravanes dans la Tripolitaine. Leur route a été décrite par de nombreux explorateurs. « Des deux côtés, dit Gehrard Rohlfs, nous voyons les ossements blanchis des esclaves morts. Quelques-uns ont encore le vêtement des nègres. Même celui qui ne connaît point le chemin de Bornou n'a qu'à suivre les ossements dispersés à droite et à gauche de la route, il ne se trompera point. »

Les autorités turques qui se trouvent à Murzouk forment les yeux, et pourvu qu'on leur fasse la politesse d'introduire les caravanes la nuit, et de leur solder un faible droit de passage, elles favorisent clandestinement le commerce des esclaves.

On estime à dix mille environ le nombre des malheureux exportés par cette voie. Elle sera probablement la dernière par laquelle pourra se faire la traite, à moins qu'on ne se décide à faire occuper la Tripolitaine par une puissance chrétienne. Mais il y a là des difficultés diplomatiques qui ne sont pas de notre compétence.

Le Darfour, le Kordofan, et tout le Soudan égyptien fournissent plus spécialement les ports de la mer Rouge. Les esclaves arrivés à la côte sont expédiés sur des boutres finement gréés, montés par des marins de choix. La traversée est courte. Dans ces contrées de perpétuelle équinoxe et sans crépuscule, la nuit est toujours assez longue pour permettre aux pirates de se dérober à la croisière la plus vigilante. La surveillance est impossible. Deux ports, Djeddah et Hodeïdah sur la côte arabique, ont le monopole de ce commerce. Les navires n'y abordent point. Ils vont accoster à peu de distance, soit au nord, soit au sud. Les esclaves sont emmenés nuitamment dans la ville, où on les répartit dans les maisons par groupes de cinq ou six. Les autorités turques perçoivent quatre thalaris par tête d'esclaves. On peut penser si elles ferment les yeux.

Pendant l'année 1888, au mois de septembre, il était passé dans le seul port de Djeddah plus de douze mille esclaves.

Le commerce de Hodeïdah est encore plus important. L'exportation par la mer rouge atteint donc un minimum annuel de vingt-cinq mille esclaves.

Sur ces deux dernières régions, le Mahdi règne en maître. Attaquer la traite dans ces parages, c'est s'attaquer directement à lui. De sa capitale de Djerboub, où il se croit en mesure de braver toute puissance humaine, il organise et dirige au loin les razzias. C'est le grand pourvoyeur d'esclaves du monde musulman. La traite est la source de sa richesse ; avant de la tarir, il faut s'attendre à compter avec lui. Ce n'est pas on le sait une quantité négligeable. La chute de Khartoum, le siège de Souakim, œuvre de ses lieutenants, font prévoir ce qui pourra être le choc, alors que reléguant au second plan tous ses sous-ordres, cet homme doué de talents d'organisation véritables et servi par le fanatisme prendra lui-même la direction de l'action (1).

(1) On a beaucoup parlé du Mahdi depuis quelques années, sans fournir au sujet de ce personnage des explications bien nettes. Il y a eu souvent confusion entre le mahdi de Khartoum, Mohamed-Ahmed, et le chef de l'ordre des Senoussiya, Si-Mohamed-el-Mahdi. Confusion également entre ceux-ci et Osman-Digma qui opérait à Souakim.

Si-Mohamed-el-Mahdi est actuellement, par ses confréries, par ses talents politiques et administratifs, par sa propagande et son influence, le personnage le plus puissant de l'Islam. Il nie énergiquement toute solidarité avec Mohamed-Ahmed et Osman-Digma ; mais, en dépit de ses dénégations intéressées, malgré l'opinion même de personnages aussi compétents sur ces questions que M. A. Le Chastelier, nous persistions à croire que Si-Mohamed-el-Mahdi est le seul instigateur de tous les événements du Soudan. La responsabilité des meurtres de Joubert et Dourneau-Duperré, des missionnaires de Ghadamès en 1881, du massacre de la mission Flatters, et enfin de la chute de Khartoum doit remonter jusqu'à lui. Sa prétention offi-

Ce n'est point là assurément une raison pour reculer ; mais, avant d'entamer la lutte, il convient d'en prévoir les suites et d'en mesurer les conséquences. A cette condition, seulement nous ne faiblirons pas quand nous nous trouverons en présence des difficultés qui nous attendent.

Toute l'œuvre de Gordon est à reprendre. Mais il faut auparavant assurer les communications, dont l'absence a causé sa perte. Si donc nous concluons à ne pas entamer la lutte de ce côté, ce n'est pas que nous en méconnaissions ni la nécessité ni l'importance. Nous pensons, au contraire, que c'est dans la vallée nubienne que la question de la traite orientale recevra sa solution définitive à la suite d'une lutte acharnée. Mais la position est trop forte pour l'aborder de front, et il est nécessaire d'avoir préalablement établi sa base d'opération et assuré ses derrières.

Ces diverses considérations nous amènent à éliminer de nos calculs les trois premières zones pour nous arrêter à la dernière. Là, rien n'a été fait et tout est possible.

La région des grands lacs est la plus cruellement exploitée depuis quelques années. « La complète dépopulation de la contrée entre la côte et la région où opèrent actuellement les esclavagistes atteste le caractère terrible de leurs expéditions (1)».

Les caravanes d'esclaves capturés dans la vallée du Lualaba traversent les grands lacs et sont dirigés sur la côte par Oujiji, Tabora et Mpwapwa. Elles aboutissent dans les environs de Saadani, Bagamoyo ou Dar-es-Salam. Là on les embarque à destination de Mascate, d'où elles gagnent à pied les marchés lointains de la Perse et du Turkestan.

---

cielle de n'agir que par l'obstruction du « Dar-el-Islam » a pour but unique de masquer son action véritable.

Toutefois ce n'est là qu'une opinion personnelle basée sur des raisonnements et des inductions, et non sur des preuves solides, aussi impossibles à administrer dans un sens que dans l'autre.

(1) *The universities missions to central Africa* Leaflet XI.

En 1888, dès le mois d'octobre, Mascate avait reçu ainsi 22.000 esclaves.

En groupant les résultats précédemment indiqués pour juger de l'ensemble, nous trouvons :

1° Timbouctou et le Maroc.......	25 000	évaluation.
2° Kuka et la Tripolitaine........	12 000	—
3° Les ports de la mer Rouge.....	25 000	minimum.
4° Mascate et la côte arabique....	25 000	—
Soit un total de.....	87 000	

Si on ajoute à ce total déjà formidable, la consommation intérieure qui a pris un important développement depuis quelques années, on arrivera à cette conviction que le chiffre accusé de cent mille esclaves vendus annuellement loin de leur pays d'origine est très au-dessous de la vérité.

Cela correspond à une dépopulation de plus d'un million d'âmes.

L'ISLAM

L'Islamisme est-il responsable des horreurs de la traite ?

En est-il seul responsable, et convient-il de proclamer contre les sectateurs de Mahomet une sorte de guerre sainte ? Est-ce possible ? Est-ce raisonnable ? Est-ce juste ?

Telles sont les interrogations qui se posent d'elles-mêmes. On ne peut se dérober à la nécessité de leur examen, puisque la politique à suivre dépend en partie de la réponse qui leur sera faite. Nous exposerons donc très sommairement les considérations générales permettant de se former une opinion ; mais, dans une matière aussi délicate, nous éviterons les formules absolues, et nous laisserons à d'autres plus autorisés le soin de tirer les conclusions des prémisses que nous essaierons de poser.

Si la puissance du commandeur des croyants a diminué en Europe, elle a pâli bien davantage encore dans le monde musulman où il était autrefois maître absolu. L'islamisme est peu sociable, il s'accommode mal des relations avec les infidèles. Les fanatiques reprochent au Sultan ses compromis avec les *Roumi* (c'est ainsi qu'ils nous désignent) et les concessions forcées de sa politique leur paraissent des violations de la loi du Prophète.

Le mahdi a exploité habilement cette situation. A mesure que la puissance du Sultan et celle du Khédive perdaient de leur importance, la sienne grandissait dans l'ombre, à peine soupçonnée par les états chrétiens. Aujourd'hui, il est le véritable dominateur de l'Afrique, des bords de la mer Rouge aux rives du lac Tchad, et déjà par ses Zouïas (1), il menace l'extrême Sud de nos possessions algériennes. Affilié a tous les ordre musulmans, chef lui-même du plus important de ces ordres, celui des Senoussiyas, dont son père était le fondateur, il exerce jusques dans l'Hedjaz et à la Mecque même une influence incontestée.

Dans un récent et intéressant ouvrage, la Conquête Pacifique du Continent Africain, M. le général Philebert apprécie dans les termes suivants ce redoutable adversaire.

« Il veut jouer le premier rôle. Il voit bien que l'empire des Turcs est vieux, que son influence s'éteint, et il se prépare à en élever un qui aura pour base la foi religieuse du peuple arabe et qui réunira en un seul faisceau les mille tribus éparses sur la surface du mystérieux continent. De là le choix pour capitale d'un point inconnu, en plein désert. Là on peut s'organiser et grandir sans être vu. De là les fortifications de Djerboub, ses approvisionnements d'armes, de canons, ses fabriques de poudre. De là ces refuges préparés au milieu du désert et sur la route du Soudan dans ces oasis de Koufara, d'Aziat, de Nedjila et de bien d'autres, qu'il a défrichées, plantées à l'aide des nègres du Soudan et de ses adeptes, et élevées sur les ruines de vieilles civilisations égytiennes ou romaines ; vieux mondes tombés dans le néant et qu'il a ressuscités. »

« Là il est insaisissable. Y conduire une expédition serait une affaire des plus difficiles, aussi bien pour les Turcs que pour nous. Une fois le débarquement effectué, il faudrait pour arriver à Djerboub avec des forces suffisantes, trente jours de marche dans le désert, et les moyens de transport feraient absolument défaut. Enfin, il ferait le vide devant l'ennemi et se réfugierait dans les profondeurs du Sahara. Cependant il est certain qu'on lui porterait un coup redoutable en s'emparant de son port de Tabrouq et en s'y installant solidement, car c'est par là qu'il entretient, avec de nombreux bâtiments Européens un commerce

____

(1) Etablissements des ordres musulmans mi parti militaires et religieux.

des plus fructueux dans lequel il écoule tous les produits sou-
daniens qu'apportent les caravanes de l'intérieur et les nègres
que la traite lui livre. »

« Comme le dit si justement M. Henry Duveyrier, le nom seul
du fils du fondateur de l'ordre, Si-Mohamed el Mahdi (1) est un
programme politique. Le nom de sa mère Fatma, son âge, le
signe des prophètes (nœvus rond et bleuâtre entre les deux
épaules, qui d'après la tradition musulmane existait à la même
place sur le corps de Moïse, de Jésus-Christ et de Mohamed)
tout se réunit aux yeux des musulmans pour qu'il soit l'homme
de la vieille prophétie qui promet à l'Islam le maître du
monde, »

Aux yeux de ses sectateurs, le Mahdi apparaît comme un
réformateur, un restaurateur de la loi primitive. « Pour accomplir cette réforme, il fallait avant tout, dit justement M. le Châ-
telier, élever des barrières infranchissables entre l'Islam et la
Chrétienté. »

« Isoler d'une façon absolue les pays restés musulmans, pro-
voquer l'exode des vrais croyants soumis au joug des infidèles,
tel fut le premier terme de son système.

« Ne reculant d'ailleurs devant aucune conséquence de ses
théories, il comprit les Turcs, maîtres de l'Égypte, de la Syrie,
de Constantinople, des pays où s'était surtout développée la
civilisation occidentale, dans la même réprobation que les chrétiens. Politique subtil, il sut admettre vis-à-vis d'eux quelques
compositions, mais la formule finale de son oeuvre n'en resta
pas moins : « Turcs et chrétiens, je les briserai d'un seul
coup. »

Il s'est néanmoins entendu momentanément avec la Turquie,
et grâce à son appui matériel, il a rapidement étendu sa propre influence dans le sud de la Tripolitaine. « Son empire em-
brasse aujourd'hui la contrée de Ben-Ghazi au Ouadaï, le pays
des Tebou, déborde à l'est jusqu'à la vallée du Nil, au sud

____

(1) Mahdi signifie : celui qui doit clore le drame du monde.

jusqu'au Soudan, à l'ouest jusqu'au massif des Touareg. »

Pendant que le Mahdi étendait ainsi son action, une autre puissance, également musulmane s'avançait aussi dans l'Afrique inconnue, dans un but et par des procédés tout différents.

Pionnier de la civilisation dans les régions du haut Nil, le khédive lançait treize vapeurs au-dessus des cataractes. En même temps, il confiait à sir Samuel Baker et ensuite à Gordon, le soin d'organiser le Soudan et d'y supprimer la traite. Voici les termes mêmes de la circulaire adressée aux consuls généraux des puissances étangères, pour leur signifier l'annexion des provinces équatoriales.

« D'après les dernières nouvelles parvenues au Caire, Gor-
« don pacha a définitivement pénétré dans le district de Mruli
« sur les bords du fleuve Somerset, (où, comme on sait, le co-
« lonel Long a essuyé au mois de septembre 1874 l'attaque à
« laquelle il a si courageusement résisté). Une station a été
« établie à Masindi, capitale de l'Unyoro.

« Le roi de ce pays, Kaba-Rega, qui s'était toujours montré
« hostile à l'Égypte a dû prendre la fuite. Aufina son compéti-
« teur, animé au contraire des meilleurs sentiments, a été ap-
« pelé à lui succéder comme représentant du gouvernement du
« khédive.

« Les populations sont soumises et tranquilles.

« Gordon pacha a envoyé, sous les ordres de Nour agha,
« officier sûr et connaissant le pays, les troupes nécessaires
« pour former un poste militaire à Urondogani et un autre sur
« les bords du lac Victoria, près des chutes Ripon. D'après les
« dernières nouvelles, il a occupé la position de Magungo sur
« les bords du lac Albert, vers l'embouchure du fleuve Somer-
« set, et mis en communication Magungo avec Dufli, station
« sur le Nil blanc en avant de l'embouchure du fleuve Asua
« où sont arrivés les bateaux en fer avec un bateau à vapeur.

« Ainsi est accompli l'annexion à l'Égypte de tous les terri-
« toires sis autour des grands lacs Victoria et Albert, qui, avec
« leurs affluents et le fleuve Somerset, ouvrent à la navigation

« un vaste champ d'exploration, que Gordon pacha prépare
« jusqu'à présent.

« Nous sommes heureux d'avoir à annoncer le résultat de
« cette expédition, qui a réussi grâce à l'initiative intelligente,
« à l'énergie et au dévouement de ceux qui l'ont entreprise,
« sous la direction de Gordon pacha, dans la généreuse pensée
« de concourir au but que s'est proposé le khédive, celui de
« féconder ces contrées par la civilisation, par l'agriculture et
« par le commerce.

« Ce but sera complètement atteint avec le temps et à l'aide
« d'une administration sérieusement organisée, première base
« du succès. Après avoir posé cette première assise, le gou-
« vernement du khédive ne négligera aucun des moyens propres
« à assurer, et en même temps à hâter autant que possible, le
« résultat progressif qu'il poursuit.

« Gordon pacha exprime l'espoir, que dans un ou deux ans,
« les communications entre les diverses stations seront assez
« sûres pour permettre aux trafiquants et aux voyageurs, de
« circuler avec la plus entière sécurité dans le pays. »

Comment Gordon avait réussi à réaliser ces espérances, le
révérend Wilson va nous le dire.

« Quand le colonel Gordon prit le gouvernement de cette
partie des possessions du khédive, il comprit immédiatement la
nécessité d'établir un plus grand nombre de postes et de paci-
fier les indigènes, avant d'espérer améliorer la condition du
peuple et de réussir à arrêter la traite. »

« Il établit d'abord trois nouvelles stations, l'une à l'embouchure du Sobat, dans le but de couper les caravanes d'esclaves
se dirigeant par la voie de terre du côté du Nil blanc ; une
autre à Schambil, pour y faire du bois et barrer les esclavagistes de la province de Rohl ; enfin une station de moindre
importance à Bohr. Puis, en trois ans, il établit un réseau
de stations dans toutes les provinces, aucune n'étant à plus de
trois jours de marche de sa voisine. Il est incroyable qu'un travail aussi vaste ait pu être accompli dans un temps si restreint,

qu'en trois ans une si immense étendue ait pu être bien organisée, la tâche délicate d'élever les stations parachevée, et enfin, le problème plus difficile encore de tranquilliser les indigènes résolu. »

« Un des derniers actes de Gordon avant de résigner son commandement a été de faire retirer les postes de l'Unyoro. Ainsi, Mruli, Kodj, Foweira, Keroto et Magongo ont été abandonnés. Masindi et Kissuna l'avaient été déjà deux ans auparavant, de sorte que le territoire égyptien se trouve limité au sud par le Nil Victoria (1). . . . .

. . . . . Le docteur Emin bey est maintenant gouverneur de ce vaste district, et dans l'intérêt de l'humanité, on ne peut que souhaiter qu'il continue à conserver son commandement. »

« Le pays est maintenant si tranquille que sans les bêtes fauves qui infestent la jungle, *on pourrait voyager en sécurité, la canne à la main, sur toute l'étendue de ce domaine.* »

Voici donc deux forces musulmanes agissant en sens inverse. Le mahdi, puissance occulte, dans le sens de la barbarie et de l'esclavage. Le Khédive au contraire dans le sens de la civilisation et de la liberté.

Dira-t-on que ce dernier a laissé faire, mais que la suppression de la traite lui était indifférente ? Il faudrait alors révoquer en doute la parole de Gordon même, car il écrit de Shaka (dans le Darfour). « Si vous étiez ici, vous verriez avec quelle « anxiété, quelle terrible anxiété, le Khédive désire voir ter- « rasser la traite des esclaves, qui menace sa suprématie. » Et en réalité, c'est bien dans cette lutte même, qu'a succombé le héros, qui résumant sa vie dans son dernier message, écrivait ce magnifique testament. « J'ai fait de mon mieux pour l'hon- « neur de mon pays. Vous ne m'envoyez pas de nouvelles bien « que vous ayez de l'argent en abondance. Je suis heureux.

(1) Des considérations stratégiques, que nous exposerons plus loin, motivaient cette mesure.

« J'ai tâché de faire mon devoir. Dieu est le maître de tout ;
« que sa volonté soit faite. Adieu. »

Peut-être voudra-t-on alléguer, que les contrées pacifiées
par Gordon, ne connaissaient pas les atrocités des régions plus
méridionales. Ce serait tomber dans une erreur complète.
Nulle part la traite n'était plus épouvantable, et le témoignage
de Schweinfurth, qui parcourait la vallée du haut Nil en 1870,
va faire justice de cette hypothèse. « Presque toujours, dit-il,
les agents des traitants sont des fakis, qui regardent la traite
des nègres comme un accessoire ordinaire de leurs attributions.
Le Coran d'une main, le couteau à eunuques de l'autre, ils
vont de Zeriba en Zériba, menant littéralement ce qu'ils ap-
pellent une vie de prières, ne disant pas une parole sans invoquer
Allah et son prophète, et associant à ces pratiques religieuses
les infamies les plus révoltantes, les cruautés les plus atroces. »

« Tels sont les actes de ces hommes qui se posent en piliers
de la foi musulmane. Inutile de discuter avec eux sur le dogme,
la question est de pure moralité. L'histoire du mahométisme
n'est partout que celle du mal ; fils du désert, l'Islam fait un
désert de tous les lieux où il pénètre, détruit chez l'homme tout
sentiment fécond. Tous les peuples qui ont subi son influence
se sont figés en une masse homogène, d'où a disparu tout caractère de nationalité ou de race »

« Il n'est pas vrai que l'Islam soit susceptible de progrès,
l'en croire capable est une illusion » (1).

Ainsi, Schweinfurth, sceptique au début, après avoir vu par
ses yeux, va plus loin que les autres. Non-seulement il dénonce
la traite, mais il va droit à sa source, et pour lui le doute n'existe
plus.

Nous pensons comme lui, qu'il y a entre l'islamisme farouche
des sectaires et l'esclavage, une étroite connexité. Cependant, il
faut avant tout être juste, être vrai, et nous devons admettre
des distinctions, et reconnaître que le gouvernement Khédivial

(1) Schweinfurth, t. II, p. 348 et passim.

a fait pour abolir la traite dans ses domaines les efforts les plus louables et les plus méritoires. Gordon rencontrant dans les gouverneurs qui se succédaient au Soudan une mauvaise volonté manifeste, ils ont été rappelés les uns après les autres, et finalement, Gordon a été investi du pouvoir suprême. Il a été autorisé à placer des chrétiens, Romolo Gessi, Emin Pacha, Lupton Bey, etc., à la tête des diverses provinces, et le Khédive n'a pas craint de compromettre sa puissance dans une lutte ouverte contre les traitants, qui sont à ses yeux des dissidents et des rebelles.

Nous n'avons point à rechercher quelles peuvent être les diverses interprétations du Coran. Il nous suffit de constater un fait de la plus haute importance, à savoir, que l'on peut s'entendre avec les états musulmans civilisés, pour arriver à l'extinction de la traite.

Peut-être pensera-t-on qu'il est bon de prendre le monde tel qu'il est, et que ce serait commettre une faute politique majeure, que de confondre dans une égale réprobation, et l'islamisme et la traite. D'ailleurs le cardinal Lavigerie l'a dit lui-même « Courir sus aux négriers, ce n'est pas déclarer la « guerre aux musulmans d'Afrique. »

N'oublions donc pas que la plupart des traitants sont considérés comme des rebelles, par les puissances auxquelles ils devraient ressortir, s'ils ne s'étaient depuis longtemps déjà affranchis de toute tutelle. N'oublions pas surtout, que la plupart sont des métis, et tout le monde aujourd'hui connaît le proverbe nègre. «C'est le bon Dieu qui a fait les blancs, c'est le bon « Dieu qui a fait les noirs, mais c'est le diable qui a fait les « métis. »

MOYENS D'ACTION

L'influence du sultan de Zanzibar s'étendait autrefois jusqu'au delà des grands lacs. Tous les voyageurs pénétrant dans l'intérieur avaient eu à se louer de ses procédés, et bien des fois il a fait punir à Zanzibar, des crimes dont la répression eût été impossible à toute puissance européenne, en raison de la difficulté des informations. Aujourd'hui, le traité de Berlin l'a dépossédé du protectorat qu'il exerçait au loin. On ne lui a laissé qu'une zone étroite en bordure de côte. Ce n'a pas été là un progrès bien manifeste. Il y a peu de temps encore, on pénétrait sans difficulté jusqu'aux grands lacs. Mais les Allemands sont venus, ils ont bombardé la côte, et, suivant la judicieuse remarque de M. de Brazza, ces quelque obus, brutalement jetés sur des gens inoffensifs, suffisent, aux yeux des puissances européennes, pour leur constituer sur les régions bombardées, un droit plus imprescriptible que tout autre. Ainsi va la logique des choses d'ici-bas ! Mais, si les roitelets de l'intérieur reconnaissaient le protectorat du sultan de Zanzibar, ils font moins de cas de la puissance de l'Allemagne. Les canons Krupp ont une belle portée sans doute, nous en savons quelque chose, mais on n'a pas encore trouvé le moyen d'envoyer leurs projectiles à deux cent quatre-vingt lieues de distance. Il faudrait cela, pour atteindre le Tanganika. En attendant ce perfectionnement peu probable de la balistique, on est bien obligé de compter avec les faits, et de s'arranger de l'état des choses tel qu'il est. Or, en ce moment, on ne peut plus pénétrer dans l'intérieur par la voie ordinaire. Le résultat du bombardement de la côte a été de faire fermer les routes ; nous ne pensons pas qu'on soit à la veille de les rouvrir,

Pour surcroît de difficultés, l'Afrique centrale jouit d'une réputation d'insalubrité bien établie. Il y a même à cet égard une fâcheuse exagération. La côte est malsaine, mais à mesure qu'on s'en éloigne, on gagne des contrées plus habitables, et quand on arrive sur les hauts plateaux, on rencontre des régions tempérées, peut-être les plus salubres du globe sous ces latitudes. D'ailleurs, les précautions hygiéniques à prendre sont aujourd'hui mieux connues, et en s'y conformant, on résiste assez bien au climat. A part la fièvre, à laquelle tout Européen doit s'attendre à payer un large tribut, la santé n'est altérée que quand une longue prolongation de séjour amène l'anémie. En quatre ans, l'expédition belge a perdu huit pour cent de son effectif. Stanley, qui la commandait, attribue plus de la moitié de ces pertes à des imprudences, à l'ivrognerie, à la débauche. Et, de fait, la mortalité paraît être beaucoup moindre dans le personnel des missions, astreint à une vie chaste et régulière. Néanmoins, nous le répétons, on ne peut espérer se soustraire absolument à la fièvre, et Schweinfurth, le seul des explorateurs africains qui en ait été exempt, constate lui-même qu'il est resté une exception.

Aux difficultés climatériques, s'ajoutent celles des voies de communication. Aucune route nulle part. Aucun animal domestique, excepté l'âne et l'éléphant, ne résiste à la piqûre de tsetsé. Les efforts faits par Gordon et par le roi des Belges, pour introduire l'éléphant des Indes, n'ont pas été couronnés de succès. Cependant M. Adolphe Burdo, qui commandait l'expédition internationale africaine, avait à peu près réussi, et si sa caravane n'eût pas été massacrée par les hommes de Mirambo, à quatre jours de Karema, l'essai tenté eût pu donner des résultats. L'expédition emmenait quatre éléphants. Le premier mourut près de la côte, aussitôt que la nourriture succulente à laquelle il était habitué lui fit défaut. Le second succomba à une sorte d'opthalmie purulente, particulière à l'éléphant (1).

1. Cette maladie est appelée *Agin-baha* par les Indiens.

Le troisième périt faute d'eau, dans l'Ougogo. Enfin, le quatrième, ou plutôt la quatrième, car c'était une femelle, parvint jusqu'à Karema, sur les bords du Tanganika.

En somme, si la tentative n'a pas réussi, elle montre, du moins, qu'on peut réussir. L'éléphant se dresse très rapidement, et lorsque les Asiatiques auraient dressé un certain nombre d'Africains, s'ils ne pouvaient vivre dans ce climat, ils laisseraient en mourant des successeurs, et on serait pourvu d'un puissant moyen d'action qui fait aujourd'hui défaut.

En attendant, on n'a pas d'autre moyen de transport que les porteurs.

Conduire une troupe dans des conditions aussi difficiles, devient une opération des plus délicates. D'ailleurs, même en la supposant arrivée intacte sur le théâtre où elle devrait opérer, elle serait incapable d'atteindre un ennemi, peu redoutable sans doute, mais habitué au climat, à la marche dans les sentiers africains, et vivant avec une frugalité impossible à des Européens.

Un missionnaire a écrit « qu'il suffirait de quelques centaines de soldats pour disperser tous les rougas-rougas (1) ». Assurément, si l'on suppose une troupe homogène et valide en face de ces brigands, nul doute qu'elle n'en vînt facilement à bout. Mais c'est là une pétition de principe, car le problème consisterait *précisément*, à amener cette troupe en face d'un ennemi plus agile, et n'hésitant pas à faire au besoin de longs détours pour éviter sa rencontre. On n'arriverait pas à le joindre, et on ferait « un jeu de barres perpétuel et sans résultats (2) ».

Il faut donc, TRANSFORMER UNE GUERRE DE MARCHES ET DE POURSUITES OU L'ON SERAIT VAINCU, EN UNE GUERRE DE POSITIONS, OU L'ON EST CERTAIN DU SUCCÈS.

Et pour cela, il faut établir des moyens de communication faci-

1. Brigands esclavagistes.
2. Expression de Bonaparte en Italie.

les, et trouver, dans la topographie locale, dans la supériorité de l'armement, dans les ressources de l'industrie, des moyens simples et sûrs d'intercepter les routes de l'intérieur.

Le seul moyen de pénétration sur lequel on puisse compter, c'est le chemin de fer. C'est ce que disait, il y a sept ou huit ans déjà, le R. Wilson, missionnaire anglican, envoyé auprès du roi de l'Ouganda aussitôt après le retour de Stanley.

« Nous l'avons déjà dit, les animaux de bât ordinaires sont inutiles en raison de la mouche tsetsé... La seule alternative semble être la construction d'une sorte de chemin de fer : et je suis, pour mon compte, convaincu que l'Afrique ne pourra être ouverte que par la puissance de la vapeur. Il serait prématuré de dire quelle espèce particulière de chemin de fer convient à l'Afrique centrale, etc.,.. »

Sans doute, il y a dans la construction de chemins de fer pour pénétrer dans des régions inconnues quelque chose de contraire à nos idées économiques. Avant de commencer une ligne, on se demande d'abord quel. sera son trafic. On veut savoir si « elle paiera », et assurément rien n'est plus légitime. Or, ici c'est impossible, et l'on tourne dans un cercle vicieux. Si on s'arrête à l'objection économique, on n'avancera pas, parce que le prix élevé du fret actuel empêche absolument le commerce de naître. Le transport d'une tonne de marchandises de Zanzibar à Lukoma, mission protestante située dans une île du lac Nyassa, coûte aujourd'hui près de 600 francs. L'ivoire seul peut supporter un fret si élevé, et ce n'est pas sur l'ivoire qu'on peut compter pour alimenter le trafic d'une voie ferrée.

Le but commercial doit donc être considéré comme secondaire, et les chemins de fer devront être exécutés sans qu'il soit possible d'évaluer leur trafic. Il se créera et se développera tout naturellement par le fait même de leur construction et de l'abaissement du fret qui s'en suivra. On devra opérer à peu près comme les Russes pour le Transcaspien. Le train forme à la fois une caserne et un atelier, au besoin une citadelle. On s'avance en posant la voie devant soi, et en faisant au fur et à mesure les études nécessaires. Chaque soir le train revient à son point de départ, ou à un magasin intermédiaire. Chaque matin il repart, pourvu de tout ce qui est nécessaire au travail de la journée. L'expérience est faite, et il n'y a qu'à imiter. Les Russes sont arrivés ainsi à poser jusqu'à HUIT kilomètres de rails par jour. En diminuant la section de la voie, en se contentaut de porteurs Decauville, qui suffiront tant que le trafic n'aura pas pris un développement important, on avancerait beaucoup plus vite.

Des entreprises de toute nature, actuellement irréalisables naîtraient aussitôt comme par enchantement. La domination des lacs, par les steamers que l'on pourra alors facilement y envoyer ou y construire, sera si puissamment assurée, que l'effusion du sang pourra être épargnée, la traite cessant d'elle-même devant L'INVASION MÉCANIQUE. — Ce n'est pas là un mot à effet, c'est, au contraire, l'expression très condensée de l'ordre d'idées qui doit présider à la campagne abolitionniste. Si l'on veut agir rapidement, il est bon que la civilisation matérielle compagne de la civilisation morale, se présente aux peuplades sauvages sous une forme *capable de les subjuguer par l'idée de sa puissance utile*, au lieu de les effrayer par sa puissance de destruction. Celle-ci est la seule qu'on leur ait jusqu'à présent fait connaître.

L'intérêt du capital engagé dans la construction de ces petits chemins de fer, serait inférieur aux sommes qu'il faudrait dépenser annuellement pour alimenter, au centre du continent africain, les séries de postes qu'il y faudra créer, et dont nous allons avoir à nous occuper.

Il est bien évident qu'on ne pourrait sans tomber dans l'absurde, concevoir en Afrique des lignes rappelant, même de loin, celles du Nord ou de Paris-Lyon. Il faut entendre par là un système de rails légers, à section assez étroite pour épouser toutes les sinuosités du terrain, et par suite éviter les travaux d'art et les terrassements onéreux. Dans ces conditions, une ligne est beaucoup plus facile à établir qu'une simple route, et le mot de chemin de fer n'a plus rien d'effrayant.

L'exposition nous offre un modèle perfectionné du genre dans le petit Decauville qui la dessert intérieurement.

LIGNE D'OPÉRATIONS — OBJECTIF

Quand on déploie une carte d'Afrique, l'œil est frappé tout d'abord par une immense ligne d'eau, s'étendant des bouches du Nil à celles du Zambèse.

Cette ligne, complexe puisqu'elle appartient à trois bassins différents, est presque droite, et interrompue seulement par deux brèches, au nord et au sud du Tanganika.

Les régions ravagées par la traite sont situées à l'ouest de cette ligne. Elle doit donc être franchie par les caravanes en un point quelconque avant d'atteindre la côte.

C'est là que la traite pourra être domptée et non ailleurs, parce que L'OBSTACLE COMPORTE DÉJA PAR LUI-MÊME UNE DIFFICULTÉ DE FRANCHISSEMENT QU'IL SUFFIT D'AUGMENTER.

Considérons en effet la région des grands lacs. Elle commence par 2° de latitude nord avec le lac Albert, pour se terminer par 15° de latitude sud, avec le lac Nyassa.

Si on arrive à se rendre maître des lacs et à les interdire aux traitants, il ne leur restera, pour conduire à la côte leurs caravanes d'esclaves, que deux espaces libres, entre le Victoria et le Tanganika d'une part, entre ce dernier lac et le Nyassa d'autre part.

Or les bateaux dont se servent les marchands d'esclaves sont des canots fort primitifs. Stanley, dans son séjour à Oujiji a relevé les dimensions du plus grand, appartenant au cheik Abdallah-ben-Soliman. « Il avait quarante-huit pieds de long, neuf de large et cinq de haut ; on y voyait une dunette pour le capitaine et un petit gaillard d'arrière. » Les conditions de cette flotille n'ont point été améliorées depuis cette époque.

La constatation de cet état de choses, va nous permettre de de toucher au doigt le nœud de la question.

Si on lance sur les lacs, un certain nombre de bâtiments doués des qualités nautiques nécessaires, et pourvus d'un armement approprié, on deviendra immédiatement maître de la navigation lacustre. On la soumettra à des règles précises, et contre une flotille de petits bâtiments bien faits et bien armés, toutes les armadas fluviales de la contrée seront absolument impuissantes. Du jour au lendemain, on aura intercepté les routes et maîtrisé la traite sur toute la longueur des lacs, soit 125 lieues pour le Nyassa, 150 lieues pour le Tanganika, et 70 lieues pour le Victoria (1). On dominera non seulement ces immenses nappes d'eau, mais encore une bande de terre de trois à quatre mille mètres sur toute la partie abordable de leur périmètre. On aura donc créé, par le fait même, une zone protégée d'une immense étendue, où les populations menacées pourront immédiatement s'établir. On y trouvera tous les éléments nécessaires à l'industrie. Des gisements de fer et d'épais filons de charbon ont été reconnus sur les bords du Nyassa et du Tanganika. Les plantations de toute nature y réussissent. Enfin la main-d'œuvre abonde, si on ne la laisse pas détruire par les épouvantables dévastations des traitants.

Le problème ainsi posé, il s'agit de savoir si l'on pourra relier entre eux ces lacs, distants l'un de l'autre de 70 lieues environ. C'est ici que la construction des chemins de fer doit nécessairement intervenir, à la fois comme condition stratégique de sécurité et de puissance, et comme condition économique, pour assurer le ravitaillement, et le transport des objets nécessaires au commerce et à l'industrie. Sans doute, on peut concevoir l'occupation d'une ligne de terre de cette étendue sans le secours d'une voie ferrée. Réaliserait-on par là une économie? Cela est douteux dès le début. Le contraire est certain dans un court avenir.

____

(1) Nous ne parlons pas du lac Albert, où Emin Pacha a déjà deux vapeurs.

Quant à l'interdiction de la ligne aux caravanes de traitants, quelques simples remarques feront comprendre avec quelle facilité elle est praticable.

Du lac Nyassa au Tanganika, par la route de Stevenson (1), il y a environ trois cent vingt kilomètres. Sur ce parcours on trouve trente-sept villages, situés à peu près à égale distance les uns des autres. On voit qu'il suffirait de six postes intermédiaires, pour que chacun d'eux n'eût à surveiller qu'un rayon de vingt-cinq kilomètres autour de son point central. Si l'on voulait aller plus loin, et établir un canon de montagne en bonne place dans chacun des villages de la route, les feux se croiseraient sur toute la ligne, sans qu'il soit besoin de se déplacer. Nous ne voulons pas tomber dans le domaine de la technologie militaire, ni préjuger les dispositions à prendre sur le terrain, nous nous bornons à produire des réflexions de nature à faire saisir la possibilité de l'exécution.

La question se résoudrait de la même manière entre le Tanganika et le Victoria. La distance est la même, et la configuration du terrain paraît devoir simplifier encore l'occupation de l'intervalle qui sépare ces deux lacs.

Ces deux solutions de continuité dans la ligne d'eau étant ainsi solidement occupées, on se trouverait avoir établi une barrière infranchissable sur 17° de latitude, et on serait maître de la traite depuis le lac Albert jusqu'au sud du lac Nyassa.

On ne devrait cependant pas borner la première campagne à l'établissement de la ligne. Il faudrait la compléter en prenant possession de la contrée inter-lacustre située entre le lac Albert et le Victoria. Son importance est capitale. Elle forme la citadelle centrale où l'on devra s'établir, avant de poursuivre l'action antiesclavagiste dans la vallée du haut Nil. A ce titre, elle mérite une description spéciale, et doit être prise pour objectif terminal de la première série d'opérations.

(1) La route de Stevenson est construite jusqu'à Kuivinda. A partir de ce point, un bon sentier mène jusqu'au lac Tanganika.

Cette région comprend l'Ouganda et l'Unyoro. Elle est située sous l'Équateur et domine le lac Victoria, dont l'altitude est fixée par les différents auteurs entre douze et treize cents mètres. La température oscille entre 13 et 35° centigrades (1). Le climat y est donc relativement tempéré, et les Européens y vivent dans des conditions tolérables. La fièvre parait y être plus rare et moins tenace que dans toute autre région de l'Afrique centrale. La fertilité prodigieuse du sol permet d'obtenir sans peine tout ce qui est nécessaire à la vie et à l'entretien d'une population nombreuse. Les naturels de l'Ouganda sont intelligents et forts. La population est compacte. La domination de Mtéça et de Mwanga s'étendait sur cinq millions d'âmes. Il y a donc là une exception au morcellement ordinaire des populations africaines et (si on arrive avant que les musulmans ne l'aient anéantie) une force latente ne demandant qu'une administration intelligente et ferme, pour surgir et donner des résultats considérables. A ces divers points de vue, la région inter-lacustre offre déjà un intérêt particulier ; mais sa situation stratégique lui donne une importance plus grande encore.

On se trouve là dans un immense camp retranché naturel. On est protégé, au nord par le Nil Somerset, infranchissable en raison des cataractes, depuis le lac Albert jusqu'à Foweira. De ce point jusqu'au Victoria , par le même fleuve qui fait un coude brusque, et s'épanouit en un lac important appelé le lac Ibrahim. A l'est enfin par le lac Victoria lui-même.

A l'ouest on s'appuie sur le lac Albert et sur un autre lac plus vaste encore et longtemps confondu avec lui, le Muta-Nzigue. Au sud enfin, on est couvert par deux lignes parallèles entre lesquelles on peut opter : la Katonga et la Kaghera. De quelque côté que l'ennemi se présente, il ne pourra pénétrer dans l'enceinte sans avoir à franchir un obstacle formidable ou un défilé dangereux. Il suffirait de dispositions très simples pour rendre cette région absolument inexpugnable, étant donnés les moyens des Arabes.

(1) R⁴ Wilson.

Il n'est pas besoin de chercher ailleurs les raisons de la puissance des rois de l'Ouganda et de l'Unyoro. Ils ont inconsciemment bénéficié de l'excellence de cette position privilégiée. Elle est depuis quelque temps au pouvoir des Arabes. Ils s'en sont emparés en suscitant une révolution dans l'Ouganda et en ont chassé le fils de Mtéça. Mais le lac Victoria, qui protégera les Européens quand ils seront établis sur ses rives, leur fournira un moyen d'accès facile, et ils pourront, en opérant avec résolution et prudence, se présenter dans la région inter-lacustre avec des conditions de supériorité telles que la lutte sera impossible aux spoliateurs qui la détiennent (1).

La route à suivre pour pénétrer dans les régions où on devra s'établir, est indiquée par des considérations géographiques, politiques et militaires. On devra commencer par une extrémité de la ligne à occuper et s'avancer de proche en proche, par le Nyassa, le Tanganika et enfin le Victoria. Le parcours par terre sera ainsi réduit à son minimum, et comme on ne quittera plus sa ligne d'opérations, aucun des efforts de pénétration ne demeurera inutile.

Les Portugais étudient en ce moment un projet de chemin de fer destiné à relier Quelimane au lac Nyassa. A première vue, cette direction paraît étrange, car cette ligne doublera la voie fluviale du Zambèse et du Chiré. Mais la navigation de ces cours d'eau est fort difficile. Au mois de janvier dernier, sur six vapeurs établissant les communications entre le Nyassa et la côte, cinq étaient échoués, et une simple chaloupe à faible tirant d'eau pouvait encore faire le service. En outre les cataractes Murchison forment, entre le haut et le bas Chiré, un obstacle

(1) Nous avons vu plus haut qu'un des derniers actes de Gordon avait été de faire retirer les postes de l'Unyoro, c'est-à-dire d'abandonner la position. Cette mesure était logique, et prouve qu'il avait avec son coup d'œil ordinaire, apprécié l'importance de la position. Ceci paraît à première vue un sophisme; mais si l'on veut bien réfléchir que la solidité d'une position résulte de l'impénétrabilité de ses frontières constitue, on concevra que ces avantages tournent au détriment de celui qui ne peut s'établir à l'intérieur.

infranchissable et obligent à des transbordements onéreux, puisqu'ils nécessitent un transport de soixante kilomètres à dos d'hommes. La création d'une voie ferrée est donc indiquée. Les résultats qu'on atteindra par là sont faciles à comprendre. Quel que puisse être le tracé, il ne faudra pas plus de douze heures pour atteindre le Nyassa. Les vapeurs feront la traversée du lac dans le sens de sa longueur en vingt-quatre heures environ. Quand on aura réuni le Nyassa au Tanganika par une autre voie ferrée, cette nouvelle distance sera franchie en moins de douze heures.

En quatre jours francs, on pourra se rendre de la côte à Ou-jiji, là où Stanley a retrouvé Livingstone! Par la route de Ta-bora il faut compter sur quatre mois au moins.

De pareils écarts dans la durée des trajets se produiront par-tout en Afrique quand on se décidera à améliorer les moyens de communication. Ils se sont produits déjà dans la vallée du Nil. Gordon en témoigne lui-même. «L'année dernière, le gou-verneur (sir Samuel Baker) est venu ici (à l'embouchure du Sobat) avec deux steamers et trois compagnies et a coupé l'ag-glomération végétale qui barrait la rivière. A la fin, une nuit, le fleuve rompit ce qui restait de cette barrière, balaya les em-barcations et les steamers à quatre milles de là et s'ouvrit un pas-sage. Il y eut là, dit le gouverneur, un spectacle terrible. Les hippopotames entraînés criaient et mugissaient. Les crocodiles tourbillonnaient de tous côtés, et le fleuve était couvert d'hip-popotames, de crocodiles, et de poissons morts ou mourants qui avaient été écrasés par la masse. Un hippopotame fut lancé contre le bordage du navire et y fut tué. Un crocodile fut tué de même. Le gouverneur, qui était en ce moment-là dans les marais voisins, fut obligé de faire cinq milles sur un radeau pour rejoindre son steamer. *Vous ne pouvez pas vous imaginer les avantages que je retire de l'ouverture de ce passage. Il fallait aux gens deux ans ou dix-huit mois pour aller de Karthoum à Gondokoro. Maintenant il ne faut plus que vingt et un jours en steamer.* »

COMMUNICATIONS

On accède à la région des grands lacs par trois voies différentes :

1° Le Zambèse et le Chiré ;

2° Le Nil ;

3° La route de terre par Tabora ;

Cette dernière est la plus connue : elle a été suivie par la
plupart des explorateurs ; récemment encore par nos missionnaires. Elle serait aujourd'hui impraticable en raison des trou-
bles survenus à la côte depuis le bombardement. Tout le monde
étant d'accord sur ce point, il serait superflu d'exposer les
raisons d'un autre ordre qui devraient y faire renoncer.

L'expédition belge doit suivre une quatrième route ; mais
elle est tellement excentrique, que son emploi, tout à fait anor-
mal, ne peut être justifié qu'exceptionnellement. Elle doit pénétrer par la côte ouest, et s'embarquer à Stanley-Pool sur les
vapeurs de l'Etat indépendant du Congo. Ces bateaux remon-
teront le fleuve, et suivant un grand affluent nouvellement ex-
ploré, le Lomani (1), arriveront à quatre jours de marche de
Nyangoué.

Cette voie convient à l'expédition belge, la facilité et la sécurité des transports par eau, rachetant pour elle la longueur
exagérée du parcours. Elle ne saurait être adoptée quand on
voudra attaquer l'exécution définitive.

Il en serait de même de la route par l'Oubangui.

(1) Le Lomani est un affluent du Congo, et non du Sankulla. Beaucoup de cartes
sont erronées à cet égard, l'exploration de cet affluent étant toute récente.

Nous avons insisté sur l'importance de la ligne d'eau s'étendant des bouches du Nil à celles du Zambèse. En pénétrant par ce dernier fleuve, on se trouve sur la ligne de défense elle-même, par suite, aucun des efforts de pénétration ne sera perdu. Si on emprunte une route différente, toutes les dépenses, tous les efforts que l'on aura fait pour arriver à pied-d'œuvre ne procureront aucun résultat durable, et l'action utile ne commencera que quand on sera arrivé sur cette même ligne. En la suivant au contraire, on installera, là où on passera, des postes définitifs, et chaque étape nouvelle se fera sans que les communications puissent être interceptées. Or ceci est essentiel.

Tant que les esclavagistes n'auront en face d'eux que des groupes isolés, les hommes de Joubert ou de l'expédition belge, ils chercheront à éviter le combat; ils feront les détours nécessaires, et continueront la traite par des routes nouvelles. Mais lorsque le rideau protecteur ayant été complété, ils ne pourront plus éviter de passer à portée des postes, il faudra s'attendre à une lutte. Elle pourrait être sérieuse si des dispositions convenables n'avaient pas été prises avec discernement. A ce moment, la liaison avec une base solide, sera d'un prix inestimable. Elle aura été assurée si, partant d'un point extrême et procédant de proche en proche, on a occupé et organisé la série des villages étagés sur la route.

De récentes découvertes semblent devoir faciliter l'application de cette méthode. Le *Levant Herald*, feuille publiée à Constantinople et généralement très bien informée des choses de l'Afrique, annonçait dans le courant du mois de mai qu'on avait enfin trouvé dans le delta du Zambèse un bras complètement indemne des embarras ordinaires à la navigation de ce fleuve. Ces embarras étaient tels que les avantages habituels des voies fluviales disparaissaient en partie. Aussi, les Portugais avaient-ils songé, nous l'avons dit, à établir une voie ferrée reliant directement Quelimane au Nyassa. Si la nouvelle du *Levant Herald* est confirmée, cette nécessité disparaît, et au lieu d'une ligne de quatre cents kilomètres, un tronçon de soixante, reliant les deux biefs du Chiré et contournant les cataractes de Murchison, suffirait pour lever toutes les difficultés. L'exécution de ce raccordement pourrait être menée très rapidement, et aussitôt son achèvement, le fret pour le Nyassa descendrait de 625 francs, son prix actuel, aux environs de 100 francs. Les échanges deviendraient dès lors avantageux, le commerce en quête de débouchés se précipiterait par la brèche, et amènerait nécessairement un abaissement plus considérable encore dans un laps de temps limité. Le Nyassa étant ouvert aux entreprises de toute sorte, le trafic de la ligne serait alimenté par les rives du lac, se développant sur une étendue de près de mille kilomètres.

On s'étonne qu'une semblable entreprise n'ait pas déjà tenté les capitaux européens.

Ce premier résultat obtenu, on parviendra sans autre difficulté à l'extrémité nord du lac. La navigation en est facile malgré des tempêtes fréquentes. On se trouvera alors à soixante-dix lieues du Tanganika. Là, on n'aura plus l'option entre des moyens différents, et la route de Stevenson (1) devra être garnie de rails le plus rapidement possible.

L'établissement d'une voie légère, susceptible cependant de porter des locomotives et de fournir des vitesses restreintes de douze à quinze kilomètres, ne coûterait pas plus de dix millions. Toutefois, un pareil chiffre suppose l'exécution préalable de la ligne du Nyassa, et la pose de la voie au moyen de la main-d'œuvre nègre, dirigée et surveillée par le personnel gratuit de l'expédition.

En regard de la dépense de construction de ces lignes légères, il est bon de montrer les frais occasionnés par l'absence des moyens de communication.

La Compagnie des Grands-Lacs vient d'envoyer un groupe de vingt-cinq blancs et trois cents indigènes, pour enlever un camp établi par les Arabes sur la route de Stevenson. « On es-

(1) Sentier qui joint les deux lacs.

père mener cette campagne à bonne fin avec 2,500,000 francs. Si cette entreprise de débarrasser l'Afrique d'une bande d'Arabes qui interceptent les cor munications de la Compagnie des Grands-Lacs avec le Tangani a réussit, la Compagnie aura porté dans ces parages un coup mortel à la traite » (1).

Nous voudrions partager ces espérances ; mais il ne faut pas oublier les faits. Les Arabes esclavagistes ont déjà été battus à ce même endroit à la fin de 1887, par un groupe d'Anglais présents dans le pays et réunis à la hâte. Ils sont revenus plus nombreux et ont établi un camp palissadé. La campagne actuelle étant, comme on s'en flatte, menée à bonne fin, aura-t-on aplani une seule difficulté, si une nouvelle bande plus nombreuse vient remplacer celle avec laquelle on a affaire aujourd'hui ?

Certes, en l'état actuel on ne peut mieux agir ; mais n'est-il pas trop évident que la dépense engagée ne se reliant à aucun système fixe, et ne procédant pas d'une méthode générale, on obtiendra des résultats dans le présent, sans effet utile certain pour l'avenir.

L'établissement d'un chemin de fer, productif par lui-même, dissiperait définitivement toutes ces incertitudes. Étant donnée la puissance que l'industrie moderne met à la disposition des nations civilisées, aucune lutte n'est possible, du moment où les difficultés de transport ne limitent pas à la charge d'un homme les poids à transporter. A chaque besoin spécial correspond une arme spéciale, devant laquelle toute résistance indigène s'évanouirait immédiatement. C'est la même idée que Skobeleff exprimait quand on posait le Transcaspien en disant : « Il faut tirer de l'artillerie tout ce qu'elle peut donner. » Si les moyens de transport font défaut, le niveau se rétablit, et on retombe dans l'incertitude et dans l'aventure.

La suppression de la traite ne doit pas être une aventure.

Si depuis plus de vingt ans que l'on connait les grands lacs,

____

(1) Bulletin anti-esclavagiste.

on avait dépensé à l'exécution d'un chemin de fer menant au Tanganîka, le quart des sommes engagées dans des expéditions multiples et souvent peu utiles, les difficultées actuelles n'existeraient même pas.

Nous pourrions répéter à peu près exactement ce qui précéde au sujet de la liaison du Tanganîka avec le Victoria. Seules les conditions économiques diffèrent. Il est évident que la jonction de ces deux derniers lacs par une voie ferrée, sera une opération plus coûteuse et moins productive que la première. Elle est cependant nécessaire. Des calculs basés sur l'expérience faite au Gabon et au Congo français, montrent que le ravitaillement et l'entretien de la ligne de postes reliant les lacs entre eux coûteraient annuellement plus de cinq millions. La dépense excèderait donc, et de beaucoup, l'intérêt du capital à engager dans la construction des lignes, et dans l'occupation des lacs.

L'arithmétique n'est pas une opinion, a-t-on dit, c'est pourquoi ceux qui auront la patience de faire les recherches et les calculs nécessaires, arriveront vraisemblablement aux mêmes conclusions.

Avant d'abandonner cette question capitale, nous devons jeter un coup d'œil sur l'autre extrémité de la ligne, c'est-à-dire, du côté du Nil.

Depuis la chute de Khartoum, le Nil, on n'en peut douter, a dû redevenir la voie principale de la Traite. La possession du fleuve, de Berber au lac Albert est la condition première de sa suppression. Gordon l'a prouvé. On peut ajouter que la construction du chemin de fer projeté de Souakim à Berber, est elle-même la condition première de la possession du haut fleuve.

Les cataractes, bien que franchissables en certaines saisons, (4) ne permettent pas d'établir de communications régulières. Il

(4) Les treize vapeurs de Gordon étaient parvenus à Khartoum en remontant toutes les cataractes pendant la crue.

est nécessaire d'y suppléer par une voie ferrée. Le « Levant Herald » pousse les anglais à réaliser ce projet depuis longtemps caressé par eux. Si l'exécution n'en était pas retardée, on pourrait arriver à le terminer, à peu près au moment où le corps expéditionnaire pénétrant par le Zambèse, se serait établi dans l'espace inter-lacustre dont nous avons parlé. De part et d'autre on serait prêt alors pour la lutte définitive, la seule redoutable, la lutte avec le mahdi.

CONDITIONS GÉNÉRALES DE L'ENTREPRISE

Pour mener à bien une œuvre aussi complexe, il ne faut ni beaucoup de temps ni beaucoup d'hommes ; mais il faut beaucoup d'argent.

CENT MILLIONS ET DOUZE CENTS HOMMES, présents en Afrique pour encadrer les noirs et les diriger, telles sont les conditions d'un succès certain et rapide.

Avec ces éléments, il ne faudrait PAS PLUS DE DEUX ANNÉES A partir de l'entrée en campagne, pour s'établir dans la région des grands lacs et occuper l'Ouganda et l'Unyoro.

Toutefois, il est utile d'observer que douze cents blancs présents en Afrique, supposent un personnel disponible de cinq mille, pour subvenir au déficit prévu, par suite de maladies, faiblesse, incapacité, démoralisation etc....

Cette première campagne terminée, on aurait rejoint Emin. On devrait alors en entreprendre une seconde pour reconstituer entièrement l'œuvre admirable de Gordon.

Mais la durée et la certitude de l'opération sont *fonction* de la somme engagée, et par conséquent, la solution de ce vaste problème, se résume dans une question financière.

Les moyens de communication ne peuvent être créés sans dépenses considérables, et sans moyens de pénétration faciles, point d'établissements permanents, partant point de suppression de la Traite.

Qui donc peut grouper les capitaux nécessaires ? Qui peut syndiquer tous les efforts et obtenir l'unité d'action sur la ligne centrale si éloignée des régions effectivement occupées par les puissances ?

Cherchons une solution logique, et nous verrons à quelles conséquences nous allons être conduits.

La campagne entreprise, et si ardemment menée par le Cardinal Lavigerie, a eu pour résultat de donner aux puissances qui se sont partagé l'Afrique, le sentiment très net des responsabilités assumées. *Beati possidentes*, soit, mais encore cet apophtegme peut-il paraître au moins discutable quand il s'agit de contrées si lointaines. La France possède, par delà les mers, certaine colonie de nature à nous rendre assez sceptiques sur les charmes de cette neuvième béatitude. Quoi qu'il en soit, les puissances se sont attribué l'Afrique, et elles restent hésitantes en face de cette propriété d'une espèce nouvelle et inquiétante. S'y engager avec des forces militaires, c'est se lancer dans l'indéfini, et une fois le bout du doigt pris dans l'engrenage, elles craignent d'être entraînées au delà de toute limite prévue.

Il en serait autrement d'un corps international. En admettant qu'il subisse des revers, en supposant même qu'il soit détruit, nulle puissance n'est engagée, et l'honneur national ne commande à aucune d'engloutir des armées pour venger sa défaite. Si donc cette solution pouvait être acceptée, elle fournirait le moyen « de triompher des résistances des gouvernements, que « le sentiment d'une grave responsabilité fait hésiter à accepter, « même dans un si noble but, des entreprises lointaines et « périlleuses (1) ».

Si de plus ce corps international agissait au nom du Pape, aucune puissance ne pourrait prendre ombrage de ses actes, et il jouirait, par là même, d'une liberté que les nations intéressées concèderaient difficilement à un État constitué.

En raison de ces considérations, on se demande si le Pape ne pourrait pas s'adresser aux puissances chrétiennes pour obtenir qu'elles formassent un consortium garantissant l'*Emprunt de la Traite!* Que pèserait, répartie entre les États chrétiens, l'annuité de cinq millions nécessaire ?

---

(1) Lettre de convocation au congrès de Lucerne. (Bulletin du 25 avril p. 317).

On se trouve en présence d'une œuvre immense, et pour l'accomplir on ne présente jusqu'ici que de petits moyens et des combinaisons compliquées.

Nous ne croyons qu'aux conceptions simples et aux moyens énergiques.

C'est le Pape qui est l'initiateur du mouvement actuel, c'est à lui que revient encore la noble tâche de tendre la main, et de mendier aux puissances chrétiennes l'argent nécessaire pour la délivrance des noirs. Et qui sait si ce rôle nouveau, n'amènerait pas bien des rapprochements imprévus, et ne serait pas de nature à hâter, en facilitant les concessions possibles, le moment désiré de tous où il n'y aura plus qu'un seul troupeau et qu'un seul pasteur. *Unum ovile, unus Pastor.*

Le Pape, protecteur naturel des chrétientés africaines, reconnu comme tel par l'Europe, constitué par elle le trésorier du fonds commun spécialement affecté à l'abolition de l'esclavage, autorisé à former des milices et à les envoyer au centre de l'Afrique pour arrêter la traite! Lui-même, conviant à cette grande œuvre la Chrétienté tout entière! Pourquoi le xix° siècle n'assisterait-il pas à ce grand spectacle? Pourquoi ne verrait-il pas se développer ce mouvement commencé « au meeting pro-
« testant de Manchester, où tous, sans distinction de religion
« ni de race, admiraient et acclamaient avec un égal respect, le
« nom de ce vieillard auguste, qui retrouvait les ardeurs de sa
« jeunesse, pour défendre dans la personne des esclaves noirs
« la cause de l'humanité tout entière » (1).

Au-dessus des convoitises que se reprochent mutuellement les puissances, qui donc oserait soupçonner le Pape de subordonner l'accomplissement de l'œuvre à des menées ambitieuses? Auteur premier du mouvement anti-esclavagiste qui secoue le vieux monde, il parait également désigné pour en être l'agent actif, et par son initiative, et par l'impossibilité de lui en substituer un autre.

(1) Lettre de convocation au Congrès de Lucerne.

S'adresser aux puissances pour leur demander de gager l'emprunt de la traite.

S'entendre avec elles pour désigner un chef unique et le faire accepter par l'Europe.

Voilà quelle peut être, à notre humble avis, la part du Saint-Siège dans la répression de l'esclavagisme africain.

Quand le cardinal Lavigerie, évêque de Carthage et primat d'Afrique, élevait la voix dans l'église Saint-Sulpice pour prêcher la CROISADE NOIRE, la question de l'esclavagisme n'était point une nouveauté. Les faits qu'il venait d'énoncer à l'Europe et au monde avaient été depuis longtemps signalés. Il y a dix-huit ans qu'un savant professeur de Lyon, M. Berlioux, avait résumé dans un remarquable livre « la Traite orientale » les renseignements les plus précis et les témoignages les plus éclatants. Enfin, il y a quatorze ans que l'on gravait à Westminster sur la tombe du plus grand des explorateurs de l'Afrique centrale, ce cri de la pitié chrétienne, échappé à son âme si ferme : « Tout ce que je puis dans ma solitude, c'est de sou-
« haiter que les bénédictions du ciel se répandent sur celui,
« Américain, Anglais ou Turc, qui aidera à guérir cette plaie
« béante de l'humanité. »

L'information était donc complète, et cependant aucun mouvement ne s'était dessiné et la parole des prédicants semblait s'être perdue dans le désert. L'autorité faisait défaut... Pour que le cri d'angoisse des noirs pût trouver un écho, il fallait qu'au milieu de ces fêtes jubilaires, étonnant l'univers entier par leur splendeur, retentit la parole la plus haute qu'il soit donné d'entendre en ce monde, celle du Pape !

La dernière des puissances chrétiennes possédant encore des esclaves, après avoir longuement préparé leur émancipation, venait enfin de couronner son œuvre et de rendre à la liberté ceux qu'elle avait sagement préparés à la recevoir. Et alors, et dans cette latinité superbe, qui imprime à ses actes si grands par eux-mêmes le caractère d'une majesté particulière,

Léon XIII, félicitant l'empereur du Brésil, flétrit l'esclavage et revendique les droits imprescriptibles de la liberté humaine. Et lui, solitaire, sans pouvoir, véritable incarnation de la faiblesse, il ne craint pas de s'élever contre les forts et de déclarer à la face du monde qu'à ce fléau de la Traite il faut opposer LA FORCE.

Certes le tableau est grand et bien digne de fixer l'attention de l'humanité tout entière. D'un côté la puissance, la fourbe, l'astuce, la cruauté, abritées derrière des barrières infranchissables ou perdues dans les déserts. De l'autre rien..., mais la foi, et la confiance inébranlable dans le droit, dans le devoir !

Et cependant dès que l'œuvre est entreprise, la victoire n'est pas douteuse, elle restera au faible, et il pourra être donné à ce siècle incrédule, de se terminer dans la lutte de la foi contre l'imposture. A la plaie hideuse de l'esclavagisme on opposera non seulement des missionnaires, mais aussi la force. La force pacifique et sereine, offrant à la dévastation un obstacle infranchissable.

Mais dans une question aussi complexe, la première des conditions de succès devrait être l'entente et l'unité d'action, et plus tard l'unité du commandement. Or, précisément, les difficultés internationales tendent à détruire cette unité.

Un certain nombre de comités ont été formés, en France, en Angleterre, en Allemagne, en Portugal, en Belgique. Chacun a ses idées, ses tendances, derrière lesquelles se dissimulent parfois imparfaitement des visées d'ambition nationale. Aussi, reculant devant les difficultés d'un accord, on en arrive à demander à chaque puissance de s'occuper d'abolir la traite sur son propre domaine, c'est-à-dire sur les domaines actuellement plus fictifs que réels, attribués à leur expansion par le traité de Berlin.

Certes l'action individuelle des puissances est possible et désirable, mais elle ne peut pas s'exercer dans la même zone et de la même manière que l'action principale.

Aucun État européen ne voudra courir le risque d'envoyer

au centre de l'Afrique, des troupes constituées qui y fondraient comme la neige au soleil de l'équateur. L'un d'eux le voulut-il, les autres s'y opposeraient.

Et cependant l'action centrale doit être la base de la répression de la Traite.

En effet, si nous avons réussi à rendre notre exposé suffisamment intelligible, on doit concevoir nettement dès à présent les résultats de la méthode indiquée.

Les lacs occupés et reliés, une immense barrière de quinze cents kilomètres d'étendue empêche tout mouvement de l'est à l'ouest et inversement. Les régions centrales se trouvent donc définitivement protégées.

Mais les esclavagistes ne renonceront pas facilement aux opérations lucratives de la traite. Contenus à l'ouest, ils s'agiteront sur place et tenteront de se réunir pour forcer la ligne. Ils n'y parviendront pas et se trouveront, alors seulement, rejetés dans la zone d'action des puissances.

Celles-ci entendent rester chez elles, y agir à leur guise et n'avoir de comptes à rendre à personne. Rien de plus naturel assurément, et si les idées préconisées par nous devaient avoir pour effet de contrarier leur expansion dans leur domaine respectif, on serait arrêté par une question préjudicielle. Mais, loin d'être entravée, leur domination sera favorisée par l'existence d'un corps international agissant au centre du continent. Ces deux actions conjuguées, exerceront l'une sur l'autre une action réciproque dont il importe de se rendre compte.

Les traitants, impuissants a rompre le cordon protecteur établi à l'intérieur, chercheront de nouveaux domaines à exploiter. Dominés sur leur front à l'ouest, ils seront entraînés à des déplacements latéraux du sud au nord. Ils seront sollicités dans ce sens, tant par l'existence de populations relativement industrieuses et riches à l'est du Victoria, que par le besoin instinctif de se rapprocher des centres musulmans, Masaï, Çomalis et autres.

Le corps international, établi sur la ligne des lacs sera dans l'impossibilité de s'opposer à ces mouvements. Mais si on examine la région où ils se produiront, on voit qu'on est là précisément dans les régions plus rapprochées de la côte, où les puissances peuvent, sans trop de difficulté, étendre leur action. La Rovuma, le Rujiąji, le Rufu, la Tona, forment autant d'obstacles naturels dont la direction, sensiblement perpendiculaire à la ligne centrale, offre de grandes facilités. Ces fleuves sont accessibles par la mer, les puissances peuvent donc aisément s'y établir. On arriverait ainsi, sinon à immobiliser complètement les esclavagistes, du moins, à restreindre leurs évolutions à des zones de plus en plus étroites, et dans ces conditions, l'extirpation radicale de la traite ne serait plus qu'une affaire de peu d'années.

Mais, pour que l'action individuelle des puissances puisse ainsi se faire sentir d'une manière efficace, il est essentiel qu'elle soit combinée avec une action générale et une, exercée au centre. Ce n'est qu'après s'être brisés contre la première ligne que les esclavagistes seront condamnés à refluer dans les zones comprises entre les lacs et la mer.

ORGANISATION D'UN CORPS INTERNATIONAL

Les comités se rendent-ils un compte exact de la situation
que nous venons d'exposer? Leurs membres, hommes émi-
nents d'ailleurs, sont presque tous engagés déjà dans la vie
publique, et ne peuvent accorder au développement de l'œuvre,
que les instants dérobés à des occupations·multiples et acca-
blantes auxquelles ils ne sauraient se soustraire. Personnelle-
ment, nous sommes d'autant plus loin de leur en faire un grief
que nous professons pour la plupart d'entre eux, le plus pro-
fond respect, et l'ardente sympathie inspirée par des convictions
semblables. Mais ce n'est pas en quelques heures, que l'on peut
aborder et résoudre des questions aussi complexes. Il faut
pouvoir y consacrer tout son temps et toutes ses forces. Une
action vigoureuse n'est possible, qu'à la condition de procéder
d'une volonté unique. On ne saurait trop insister sur ce principe fondamental et perpétuellement méconnu.

Nous comprenons les comités comme organe de patronage
et de contrôle ; nous ne les comprenons plus s'ils doivent à
la fois, concevoir, organiser, ordonner et contrôler (1).

Nulle part, nous ne voyons apparaître l'élément le plus important. Nous voulons parler du personnel destiné à composer
l'armée anti-esclavagiste : les croisés, si l'on veut, l'expres-

(1) Nous pardonnera-t-on de rappeler ici l'opinion du prince de Metternich ?
(Lettre du 2 décembre 1819).

« Parmi les vingt-cinq membres de la Commission, il n'y en pas un qui, il y a
quelques jours encore, ait su ce qu'il voulait ou ce qu'il devait vouloir. C'est le sort
commun de ce genre de réunions. Depuis longtemps, il m'est prouvé que si un certain nombre de personnes se trouvent ensemble, il n'y en jamais qu'une qui ait bien
compris ce dont il s'agissait. »

sion peut, et doit, devenir juste. Quand ils seront sur place, on sera obligé de demander au commandement beaucoup d'intelligence, beaucoup d'initiative. Organiser en dehors de lui un corps dont on viendra à un moment donné lui proposer la conduite, ce serait méconnaître les principes élémentaires qui doivent présider à la constitution d'une troupe. On en aurait, par avance compromis l'homogénéité.

Dans l'armée, quand un officier promu à un nouveau grade vient occuper son poste, il se trouve encadré par cent autres et son autorité n'est point à établir. Il bénéficie des mœurs militaires et de la tradition. Mais quand il s'agit de créer de toutes pièces, une troupe dont les éléments sont nécessairement inconnus les uns aux autres, la seule manière de procurer la cohésion indispensable, c'est de laisser celui-là qui doit la commander, la recruter et l'organiser lui-même. Sans cela, point d'autorité de la part du chef, point de confiance de la part de ses subordonnés.

« Il ne se peut pas, a dit Napoléon, que le commandement « soit d'un côté et la responsabilité d'un autre. » C'est donc par suite d'une grave erreur de principes, que les comités peuvent se croire appelés à recruter le personnel et à combiner les expéditions.

Dans toute organisation militaire, le premier rôle appartient de droit aux combattants ; ils ne peuvent se le laisser enlever sans déchoir. Ce sont eux, qui doivent préparer eux-mêmes les projets dont l'exécution repose sur eux seuls. Toute autre conception est contraire à l'expérience de tous les temps, à l'opinion de tous les généraux illustres. Substituer un comité au chef de l'expédition, c'est l'annihiler d'avance, et nul militaire, ayant l'intelligence du commandement et le souci de sa dignité, n'acceptera une situation semblable. Si les comités veulent tout faire, ils ne trouveront pour diriger l'exécution que des hommes sans valeur ou sans conscience. Sans valeur, s'ils ne se rendent pas compte de la situation ; sans conscience si, s'en rendant compte, ils l'acceptent.

Il importe donc d'en revenir à des principes plus sains et de former d'abord l'état-major, auquel sera confiée la direction effective de l'entreprise.

Nous avons vu avec regret le cardinal Lavigerie renoncer à ce sujet à son idée primitive, celle de la constitution d'un ordre. Elle était grande et simple, elle pouvait être féconde.

Sans doute, il serait puéril de vouloir imiter à la lettre les institutions du moyen âge. Le moine soldat ne se peut plus concevoir dans les conditions de la vie moderne. Si on se plaçait à ce point de vue pour critiquer la conception et demander quelles règles devraient être imposées, on sortirait absolument de la question, les règles des ordres, même monastiques, ayant toujours suivi et non précédé leur constitution.

Un certain nombre d'hommes, clercs ou laïques, se sont réunis, et sont convenus d'agir en commun pour atteindre un but déterminé. Au bout d'un temps, parfois assez long, ils ont constaté que telles ou telles habitudes étaient utiles ou nécessaires à l'accomplissement de l'œuvre poursuivie, et ces habitudes indiquées par l'usage, ils les ont rendues obligatoires. De là, les règles des ordres de toute nature. Qui pourrait dire aujourd'hui, à quelles obligations devraient se soumettre ceux qui offrent de se consacrer à la lutte contre l'esclavage ? Bien téméraire qui l'oserait, d'autant plus qu'on devrait sur bien des points, rompre nettement avec des traditions surannées.

Nous voyons une grande tâche à remplir, un noble but à atteindre, n'est-ce point assez pour que les hommes de bonne volonté se groupent, s'entendent, et, sous la haute surveillance de leurs conseils naturels, avisent, entre eux, des moyens à employer.

La constitution d'un ordre international serait le plus simple, le plus rationnel et le plus efficace de ces moyens. Peut-être cette conception dépasse-t-elle la virilité ordinaire de notre époque ? Qu'importe, s'il se trouve des hommes aussi qui la dépassent ? Or, il y en a. Il n'y aura même que ceux-là pour agir.

La création d'un ordre implique la reconnaissance de deux principes féconds :

1° L'internationalité ;

2° L'honneur attaché au service de l'ordre, et l'éclat de la position sociale qui en résulte.

L'internationalité, c'est le grand préservatif contre les dissensions des puissances.

Les intérêts généraux de l'ordre étant débattus avec les représentants de chaque État par ceux de ses propres nationaux qui y sont engagés, les différends possibles perdent par le fait même une partie de leur acuité. Que ces tempéraments soient supprimés et les difficultés ne tarderont pas à renaître, alors même qu'on se serait mis d'accord sur des bases générales.

Or la constitution d'un groupe véritablement international n'est possible que sous l'égide du Pape. Il est le seul homme en ce monde, chez lequel le caractère propre de la nationalité s'efface, et disparaît, absorbé par celui de l'évêque universel. Les évènements contemporains paraissent indiquer que cette conception est admise aujourd'hui en Europe, même par les confessions dissidentes. A ce titre, le Pape est donc plus qualifié que tout autre, pour présider à la réalisation d'une œuvre, dont l'essence est d'être chrétienne et internationnale. En dehors de son intervention personnelle, nous ne croyons guères à la possibilité d'une œuvre ayant véritablement ce caractère. L'expérience est faite, d'ailleurs, et « l'Association internationale africaine » a existé. Pour rappeler en quelques mots comment elle a fini, laissons parler M. Burdo, qui la connaissait bien, pour l'avoir servie, non sans honneur.

« L'Association internationale africaine, dont les quatre membres fondateurs étaient : le roi des Belges, président, M. de Quatrefage pour la France, Nachtigall pour l'Allemagne, Sandford pour l'Amérique, fut, à son origine, une œuvre admirable. Elle le resta aussi longtemps qu'elle demeura fidèle à son programme humanitaire, aussi longtemps qu'elle demeura désintéressée. Mais un jour vint où l'on rêva autre chose que le bien de l'humanité : on voulut mettre en coupe réglée le centre de l'Afrique, faire une société financière de ces territoires qui sont le patrimoine de l'Africain.

« On eut tort d'employer à ce but vénal, les forces vives qui s'étaient groupées autour d'un programme humanitaire ; et dès lors, ce qui devait arriver arriva : les éléments qui composaient l'Association internationale africaine se désagrégèrent, la France notamment, s'en retira aussitôt, et le comité du Congo, société mercantile, se trouva seul en face d'un travail énorme.

« C'est à cette tâche que le roi des Belges convia Stanley. »

On aboutit ainsi à la formation de l'État du Congo, et le principe de l'internationalité qui avaient été le point de départ, fut utilisé par les uns au détriment des autres.

On ne peut s'exposer à de semblables déceptions, et si l'on veut accomplir la grande œuvre de l'abolition de la traite, il faut éviter à tout prix les tendances particularistes capables d'inspirer aux puissances associées de légitimes susceptibilités. Le groupe destiné à opérer au centre de l'Afrique ne doit avoir qu'un but, la délivrance des noirs, et tout autre considération étrangère a cet ordre d'idées, doit être résolument écartée. C'est la condition de son existence même.

Cela, le Pape l'obtiendrait peut-être. En tous cas, seul il peut l'obtenir.

Seul aussi, il peut faire que l'honneur attaché au service de l'ordre, soit considéré, par ceux qui en font partie, comme la suffisante rénumération de leur dévouement. Ils offriront à l'œuvre leur vie peut-être, mais à coup sûr leur bien être et leur santé. Ils acquerront par là des droits spéciaux, et ce n'est point avec de l'argent, que se payent le désintéressement et l'abnégation.

Il y a plus de six cents ans, nos pères s'enrôlaient sous la bannière de Pierre l'Ermite ou de saint Bernard. Ne reculant devant aucun sacrifice, ils engageaient leur patrimoine. Abandonnant à la garde du Dieu dans lequel ils avaient une foi ardente et leur famille et leurs biens, ils se précipitaient en foule à la défense du Saint-Sépulcre. Et aujourd'hui encore, après six siècles écoulés, nous tenons à honneur de rappeler ces actes de nos pères. Ce sont nos titres de noblesse. Il dépend du Saint-Père d'attacher au même dévouement les mêmes récompenses.

Et vous! gentilshommes de France, voici le moment de vous montrer à la hauteur des grandes tâches. On vous conteste tout dans votre patrie. La loi révolutionnaire en promenant son niveau sur vos têtes, vous a ravi votre rang social et jusqu'à la liberté de vos actes. Où pouvez-vous raviver les couleurs de vos blasons ternis par le repos, mieux que dans cette grande œuvre, semblable à celle où s'illustrèrent vos aïeux? Resterez-vous en arrière, et vous laisserez-vous distancer par ceux qui ont la noble ambition de devenir, eux aussi, des ancêtres?

Non, car déjà dans vos rangs comme dans les autres, des offres se sont produites. Pour diriger cet élan généreux, il faut grouper des hommes ayant avec la santé et l'énergie, l'activité et l'instruction nécessaires. Vous devez être de ceux-là. Partout où une noble cause a fait appel au dévouement, on vous a vu aux premiers rangs, et le temps n'est pas loin où vos noms trop oubliés retentissaient sur les champs de bataille de la France envahie. Il faut que dans cette œuvre, la plus grande qui se puisse concevoir à notre époque, on voie de nouveau tous les rangs confondus dans un même enthousiasme.

Mais avant de devenir les chefs de la croisade, ceux qui la commanderont doivent se faire d'abord les propagateurs de l'Idée. En se consacrant à l'œuvre, ils ont acquis l'autorité voulue pour en devenir les apôtres, et leur parole manquât-elle de force ou d'élégance, elle produira plus d'impression que des conférences platoniques, parce qu'on y sentira l'émotion, l'abnégation et la foi.

NATURE DE L'EXPÉDITION

Ces idées seront combattues, nous le savons, non seulement par les adversaires naturels de tout ce qui touche à la religion, mais même par des catholiques. Ceux-ci redoutent de voir le Pape trop directement engagé dans une entreprise militaire ; ceux là, de voir solidarisés avec le personnel d'une expédition sanglante, des missionnaires dont « la force, consiste à marcher « désarmés, et à avoir des martyrs ». Et de fait, les missionnaires eux-mêmes paraissent partager ces craintes, Mgr. Livinhac, vicaire apostolique du Nyanza, écrivait il y a peu de temps : « Les noirs de ces contrées (j'excepte les chrétiens) ne pourront admettre que nous ayons rien de commun avec les blancs qui se présenteront comme hommes de guerre. Pour eux, tous les blancs sont solidaires ; on croira que nous sommes venus préparer les voies aux conquérants. C'est]pourquoi je préférerais une expédition commerciale. »

Les objections sont donc spécieuses. Cependant elles n'infirment en rien les arguments que nous avons présentés jusqu'à présent. Peut-être tomberont-elles tout à fait, si on veut bien se dégager des idées préconçues, et considérer quelles doivent être la nature et la forme de l'expédition.

Et d'abord, il ne s'agit point de faire la guerre, mais de l'arrêter. Il s'agit d'établir un immense *cordon de douanes*, de l'embouchure du Zambèse jusqu'au lac Albert, et postérieurement jusqu'à Kartoum. Nous nous servons à dessein de ce mot impropre, afin de dégager plus nettement l'idée maîtresse et de dissiper toute équivoque.

Niera-t-on, même à des missionnaires, même à des prêtres,

le droit d'interdire l'exportation des esclaves, de l'interdire par la force, et de faire tirer au besoin sur ceux qui enfreindraient la défense et tenteraient de forcer la ligne en conduisant leurs sinistres caravanes? Ce serait à notre humble avis, se méprendre sur la nature même du caractère sacerdotal. Mais la question n'est pas là, car nul n'a parlé de charger prêtres ou missionnaires de diriger les forces anti-esclavagistes. Il est essentiel au contraire à la bonne direction de ces forces, que les deux actions soient nettement séparées et absolument distinctes.

Le rôle de l'expédition sera de protéger les populations, d'établir un rideau de civilisation qui, s'épaississant progressivement, finira par offrir, par lui-même, un obstacle assez solide pour dispenser de l'emploi de la force armée. A ce moment la mission du corps international sera terminée.

Mais la formation de ce rideau protecteur ne peut se concevoir sans l'appui de la force, et plus l'expédition sera forte, plus elle pourra être pacifique.

Son essence sera néanmoins militaire, car l'emploi de la force sous toutes ses formes est nécessairement régi par les règles immuables de l'art militaire. Or, le pape l'a dit lui-même : « IL FAUT EMPLOYER LA FORCE ».

Mais il ne faudrait pas conclure de la création de la puissance militaire, que celle-ci est incompatible avec la conservation de la paix. En Europe, on prétend même quelquefois le contraire !...

Si on arrive à disposer de capitaux suffisants pour s'organiser convenablement, on pourra pénétrer jusqu'à l'Ouganda avant qu'il soit nécessaire d'engager la lutte. Si on rencontre des rougas-rougas sur sa route, il suffira le plus souvent, de leur faire apprécier les moyens dont on peut disposer, pour leur ôter toute tentation de se mesurer avec le détachement, si faible que soit son effectif.

En cas d'attaque seulement on se défendra, et alors, la répression devra être assez énergique, pour couper court à toute velléité de récidive. Mais il est remarquable que dans ce cas,

les noirs admettent les représailles. L'esprit de justice est tellement inné dans le cœur de l'homme qu'il s'y retrouve toujours,
et parfois sous les formes les plus inattendues.

« Jadis, dit Adolphe Burdo, lorsqu'un nègre avait assassiné
un européen, tous les alentours étaient plongés dans une mor-
telle terreur ; il semblait que la voûte du ciel allait s'entr'ouvrir
pour laisser pleuvoir du feu sur les peuplades homicides ; on
s'attendait à voir manquer les récoltes et mourir les nouveaux-
nés ; on croyait que des légions allaient sortir de terre pour
venger la mort du « mousoungou », et il n'était calamités que
l'on ne redoutât comme conséquence d'un pareil crime. » Cette
crainte du Seigneur (blanc), était le commencement et la fin de
leur sagesse. Pour l'entretenir, il fallait un esprit de justice
aussi ferme qu'éclairé. Ce piédestal où la conduite de Burton,
de Speke, de Livingstone avait placé les blancs, d'autres anglais les en ont fait descendre. Ils ont cru trouver un allié dans
Mirambo, le pire brigand de l'Afrique centrale, ils lui ont, par
l'entremise du docteur Kirk, envoyé des présents, et dit-on,
des canons. Peu après, l'assassinat de Carter et Cadenhead par
ce même Mirambo, apprenait aux Anglais la valeur de pareil-
les alliances. Souhaitons que de semblables événements ne se
renouvellent pas avec Tippoo-Tib, auquel Stanley a eu l'incroyable imprudence de confier un commandement.

Pour restaurer notre prestige évanoui, il faut en revenir à
l'idée exprimée il y a si longtemps par le révérend Wilson, et
sur laquelle nous avons déjà si fortement insisté : la pénétration
par chemins de fer. On y trouvera d'ailleurs un double avan-
tage.

L'expédition s'avançant en posant sa voie au fur et à mesure
de ses progrès, perdra absolument l'apparence belliqueuse
préjudiciable à son rôle pacificateur. Mais en même temps elle
se trouvera, par le fait même, pourvue de moyens hors de pair
avec ceux des indigènes. Seulement, et c'est là une des difficultés à vaincre, la composition du personnel devra être réglée en
conséquence, par des considérations d'un ordre particulier,

mi-partie militaire et industriel. Elle devrait être comprise, de manière à ce que la garnison de chaque poste, apportât aux noirs au milieu desquels elle sera appelée à résider, les éléments des industries les plus indispensables. Au lieu d'être à charge aux populations, les blancs seraient alors accueillis avec reconnaissance.

Nous concevons donc l'expédition, comme devant être, militaire dans son essence, son organisation, sa direction et son armement. Industrielle, par son apparence extérieure et sa manière de procéder.

Il nous reste à montrer qu'elle ne saurait être commerciale.

Si on consulte les cours des produits africains sur les marchés de Liverpool, on sera immédiatement édifié. On y verra que sauf l'ivoire, aucun de ces produits ne vaut au delà de 600 francs la tonne. Or, le fret de transport d'une tonne de marchandise, de Liverpool à Lukoma (mission anglaise située dans une île du Nyassa), coûte 625 francs aux sociétés les mieux organisées, ayant à leur disposition des vapeurs et des facilités diverses. Il faudrait, en l'absence de ces moyens spéciaux, calculer des prix bien plus élevés : ainsi le révérend-père Deguerry, qui est en ce moment sur place, porte ce même fret à 2,000 francs.

On se heurte donc à des impossibilités, et cet état de choses ne pouvant être modifié que par les moyens indiqués plus haut, on tourne dans un cercle vicieux. Ainsi, toujours et malgré soi, on se trouve ramené au point de départ.

Nous en arrivons donc à formuler les conclusions suivantes :

L'extinction de la traite dans la région des grands lacs est soumise à la réalisation de trois conditions principales :

1° La création de moyens de pénétration ;

2° L'occupation des grands lacs par un corps international et leur liaison par des postes intermédiaires ;

3° L'occupation par les puissances des lignes secondaires, chacune agissant dans son domaine propre.

Ces trois conditions sont nécessaires et suffisantes : nécessaires, parce que l'omission d'une seule d'entre elles détruit toute certitude dans l'action ; suffisantes, car si elles sont remplies, e résultat est évident par lui-même

RISQUES DE L'EXPÉDITION

Notre but, nous l'avons dit en commençant, était d'indiquer une méthode. Pour l'asseoir sur des bases rationnelles, il faut qu'il y ait concordance entre les moyens stratégiques, diplomatiques et financiers. Nous devons dès à présent faire remarquer que l'adoption d'un plan stratégique déterminé, engage nécessairement jusqu'à un certain point celle des moyens d'action. Du moment qu'il s'agit de faire usage de la force, on ne peut se soustraire aux lois qui en régissent l'emploi. Par suite, les combinaisons diplomatiques se trouvent reléguées au second plan. Leur objet est d'assurer l'exécution de la conception d'ensemble : elles ne peuvent donc être traitées utilement, que quand on se sera mis d'accord sur l'opération à exécuter. Il est inutile d'insister sur ce point. Il est bien clair en effet que l'on ne peut discuter les moyens d'action que quand l'action elle-même aura été préalablement définie. C'est ce que nous avons essayé de faire. Le jour où les comités antiesclavagistes des différents Etats se seront entendus sur ce premier point, on aura fait le pas le plus important.

Les bases générales ayant été ainsi arrêtées, il sera temps d'expliquer les moyens de passer de la théorie à la pratique. Nous nous bornons à énumérer les difficultés spéciales de l'opération, afin de laisser pressentir les conditions auxquelles devra satisfaire le corps expéditionnaire. Elles suffiront à faire entrevoir le danger qu'il y aurait à confier l'accomplissement de l'œuvre à des troupes constituées d'après les errements suivis dans les armées européennes.

Et d'abord, il faut chercher à se rendre compte des conditions d'existence d'une troupe en Afrique. Dans un climat peu salubre, sous un soleil ardent, elle devra vivre sans pain, marcher sans routes, cantonner sans maisons, bivouaquer sans campement. A de telles causes de destruction, elle ne résisterait pas en Europe. Que sera-ce en Afrique ? Brazza, qui a passé la période d'installation; qui jouit dans le Congo français de moyens de locomotion faciles (1), me citait des chiffres il y a peu de jours. Sur le personnel blanc emmené de France, il n'en garde pas plus du quart. Le reste, éprouvé par le climat, démoralisé par les privations ou miné par la fièvre, doit être éliminé dans le délai de deux ou trois mois à dater de l'arrivée. Il faut donc prévoir une destruction au moins égale, et prendre ses mesures pour n'être point arrêté par là. A des circonstances spéciales, doit répondre une organisation spéciale ; elle ne sera pas facultative, mais dictée par les conditions stratégiques, économiques, physiologiques et morales ; imposée par l'expérience du passé.

Il ne s'agira plus seulement, comme jadis pour les zouaves pontificaux, de réunir quelques fils de famille, allant porter à Rome l'ardeur d'un sang parfois trop généreux, et dépenser noblement au service du Saint-Père l'exubérance de vitalité de leur jeunesse. Certes, Castefidardo et Mentana sont de beaux titres de gloire, mais il s'agit ici d'autre chose. Il s'agit d'aller vivre sans pain, sans toit, isolés par petits groupes au milieu des populations nègres, d'affronter le soleil, la dyssenterie, la fièvre, et de revenir en Europe, le plus souvent sans avoir combattu, les yeux caves, le foie tuméfié et le corps amaigri, pour se remettre et recommencer de nouveau.

Voilà la vie que devront accepter ceux qui se dévouent à l'œuvre. Leurs précurseurs ont eu d'autres épreuves. Demandez à Brazza au prix de quelles souffrances il a doté notre pays d'une colonie nouvelle. Je ne citerai qu'un trait ; je le tiens de lui-même.

Dans sa première exploration du haut Ogooué, son compa-

____

(1) Quatre vapeurs d'une force, ensemble, de 320 chevaux.

gnon et lui, durent s'enfuir devant les Apfourous. La caisse contenant leurs provisions de chaussures était tombée dans les chutes de Booué, ils se trouvaient sans souliers. Les pieds protégés par des bandelettes de toile, ils traversèrent des marécages, marchant devant eux, à l'aventure, dans la direction de la côte. L'eau, la vase, les lianes arrachaient leurs chaussures improvisées. Enfin ils parvinrent à sortir du marais, et, pieds nus, ils arrivèrent à des plaines sableuses. Ils se crurent sauvés ; mais on ne pouvait s'arrêter. Le sable échauffé par le soleil des tropiques, faisait lever leur peau tuméfiée par l'eau en ampoules énormes. N'importe, il fallait marcher ou mourir. Ils marchèrent, et pendant trois jours, ils vécurent de racines et de papillons de nuit!... Enfin ils atteignirent une de leurs stations, harassés, épuisés, mais ayant résolu le problème hydrographique qui nous a valu l'Etat du Congo.

Quand il s'agit d'opérer dans des milieux semblables, on ne saurait être taxé de pusillanimité pour s'entourer de précautions de tout ordre. C'est en recueillant avec un soin minutieux les indications éparses dans les livres des explorateurs, en écoutant les récits de ceux qui ont visité le centre africain, en méditant ces enseignements, que l'on pourra arriver à déterminer les règles générales à suivre dans la formation du corps expéditionnaire. Nous trouverons à ce sujet, dans les ouvrages de Stanley, mais surtout dans ceux de Livingstone et de Gordon, les éléments indispensables de nos études : chez Livingstone, le tableau des mœurs africaines pris sur le vif, et rendu avec une simplicité qui en constitue la grandeur; chez Gordon, les détails d'organisation d'un Etat africain, et l'application de mesures, mi-partie politiques et militaires, qu'il suffira de lui emprunter.

Saluons, en terminant, ces deux grandes figures.

Dans les fastes de cette Afrique où ils ont inauguré la lutte contre l'esclavage, elles brillent toutes les deux d'un éclat incomparable. Quel étrange contraste cependant entre leurs destinées!

L'un s'est formé lui-même. Humble ouvrier dans une filature, il consacre ses rares loisirs à acquérir l'instruction qui lui manque. Il devient alors clergyman et parcourt, trente années, ces contrées qu'on croit désertes. Il en révèle les splendeurs à l'univers surpris et un moment incrédule, mais bientôt conquis par le sentiment de son impeccable droiture. Le premier, il fait connaître les horreurs de la traite, dont le tableau sanglant le poursuit dans ses rêves. Il mêle à ses voyages des visions bibliques et s'efforce de dénouer les problèmes géographiques dont son esprit perspicace a pénétré l'importance humanitaire. Il se passionne à son œuvre, mais, épuisé par trente années d'un labeur surhumain, il succombe à la tâche et s'éteint, seul, au fond des solitudes africaines.

Ses serviteurs, en pénétrant le matin dans sa tente, le trouvent agenouillé près de son lit dans l'attitude de la prière... Il était mort!

Sa dépouille, pieusement conservée par ses noirs, est rapportée dans son pays, et, au milieu de toute l'Angleterre qui se presse à ses funérailles, il reçoit, dans Westminster, les honneurs d'une sépulture royale.

L'autre est un brillant officier de l'armée anglaise. Vrai paladin des temps modernes, il met son épée au service de toutes les nobles causes. Doué de talents incomparables, il gouverne en souverain des contrées immenses, et réussit à y terminer, en peu d'années, une organisation réputée impossible. Il pacifie le Soudan, y maîtrise la traite, et son œuvre accomplie, il se dispose à apporter à l'État du Congo son activité et ses lumières. Mais, lui parti, il ne s'est point trouvé de main assez ferme pour maintenir les rebelles. Khartoum menacé fait appel à sa valeur. Il vole à son secours au travers du désert, et seul il organise et soutient la résistance.

Chaque jour, interrogeant du regard ce fleuve qui doit lui apporter la délivrance promise, il voit, avec anxiété, diminuer les ressources de la défense, prolongée bien au delà du terme où on lui a promis de le secourir. Il calcule froidement les heures qu'il a encore à vivre ; mais, noble jusque dans la mort, il ne laisse pas échapper une plainte, et se venge en raillant les hésitations qui sont sa perte. Il succombe enfin devant la trahison. Sa tête est promenée au bout d'une pique, dans les rues de cette ville où il a si longtemps commandé en maître, et son corps méconnaissable est livré aux eaux du Nil, comme pour apporter jusqu'au pied des pyramides le muet et sanglant reproche que son âme altière avait interdit à ses lèvres.

Voilà ce qu'ont été nos modèles !...

Faut-il dire nos précurseurs ?

FIN

TABLE DES MATIÈRES

Imprimerie de Poissy. — S. Lejay et Cie.